Niños Autistas

Títulos originales:

Condiciones "Psicopáticas Autistas" en la infancia

(Tesis presentada en la Facultad de Medicina de la Universidad de Viena por el Pr. Hans Asperger)

Edición, traducción y comentario:

Dr. Kevin Rebecchi, PhD

1

ÍNDICE

PRÓLOGO

Parece esencial difundir esta traducción comentada de la tesis de Hans Asperger. Este texto puede considerarse probablemente uno de los textos más importantes sobre el autismo, dada su precisión y exactitud en las observaciones. La traducción es en su mayoría literal, un proceso a menudo rechazado por algunos traductores. Sin embargo, este enfoque parece preservar mejor el espíritu del texto y transmitirlo tal como fue concebido originalmente, sin suavizarlo ni adaptarlo a un nuevo contexto (para una mejor legibilidad, he decidido reemplazar "autistas psicopáticos" por "autistas" y "psicopatía autista" por "autismo"). Es particularmente importante en este tema mantener las palabras precisas del investigador, especialmente considerando que algunas personas se preguntan si él mismo podría haber tenido lo que luego se llamó síndrome de Asperger (Lyons y Fitzgerald, 2007), y que la hiperprecisión del vocabulario es una de sus características (Beaud y Guibert, 2011). Por lo tanto, sería intelectualmente insoportable interpretar las afirmaciones cambiando las palabras. Esta traducción comentada permitirá a cualquier persona interesada en el tema formar su propia opinión sobre el enfoque y las declaraciones de Hans Asperger, y para aquellos que ya están sensibilizados con el tema, proporcionará una mejor comprensión del tema de la neurodiversidad (entendida como la variación neurobiológica y psicológica dentro de la especie humana, similar a las variaciones en el color de piel, tamaño o inteligencia). Aunque Hans Asperger era psiquiatra y trabajaba en una clínica de pedagogía curativa, combinando educación y medicina, sus análisis, al menos en este texto, no parecen considerar a los individuos autistas (un término médico derivado de Bleuler, un psiquiatra suizo) que describe como discapacitados. Esta idea puede ser respaldada por el análisis histórico, que destaca que él colaboró con el régimen político en el poder en su política de exterminio hacia los discapacitados y los enfermos mentales. Su análisis, realizado en aproximadamente 200 niños, está lejos de promover cualquier exterminio. Durante mucho tiempo, e incluso desde entonces, el estudio de este fenómeno se ha centrado casi exclusivamente en individuos con discapacidades mentales, lo que ha creado numerosas ideas preconcebidas y conceptos erróneos sobre el tema (como se ve en ciertas películas y series, por ejemplo). Hoy en día, sabemos, por ejemplo, que la distribución del coeficiente intelectual en el trastorno por déficit de atención e hiperactividad (TDAH) -una peculiaridad fácilmente observable y detectable, y puede haber un continuo entre el autismo y el TDAH (Kern et al., 2015)- es la misma que en la población normal (Kaplan et al., 2000). Además, algunos investigadores consideran el autismo como un trastorno de alta inteligencia (Crespi, 2016). En la historia, el autismo se disoció del síndrome de Asperger antes de asociarse bajo el término médico "trastornos del espectro autista". Parece razonable afirmar y argumentar hoy en día que el autismo, un término que también es importante discutir o incluso abandonar, no es un trastorno psiquiátrico que deba tratarse, sino más bien una diferencia altamente visible en contextos privados, íntimos o educativos, fácilmente identificable para un ojo perspicaz sensibilizado a esta particularidad. Las herramientas que analizan "comportamientos deficientes" son inapropiadas e inadecuadas. De ahí que observemos que es extremadamente difícil, por decir lo menos, para la ciencia y las personas en general comprender qué es realmente el autismo. Casi solo hay análisis desde la perspectiva de déficits, discapacidades (a menudo asociadas intrínsecamente con la deficiencia mental en la mayoría de los casos) o, peor aún, dentro del marco de pseudociencias como el psicoanálisis o la homeopatía (Grandgeorge, 2016), o prácticas de la Nueva Era como los Niños Índigo (Carroll y Tober, 1999). A veces podemos ver un profundo problema de teoría de la mente entre aquellos que conceptualizan el autismo, proyectando ideas inadecuadas e inapropiadas (como se observa en temas como la empatía, el humor o la comunicación, por ejemplo). El autismo, si se puede definir de manera sencilla, implica una relación diferente con el mundo y los demás, lo que conduce a percepciones, sentimientos, pensamientos, análisis y, en última instancia, acciones y comportamientos diferentes en comparación con la mayoría y las normas establecidas. Por todas estas razones, parecía importante compartir esta traducción comentada con la mayor cantidad de personas posible. Además, he seleccionado y sintetizado algunos puntos e ideas importantes discutidos por Hans Asperger, que abordaré en el epílogo.

Referencias

Baron-Cohen, S. (2018). The truth about Hans Asperger's Nazi collusion. Nature, 557, 305-306. https://doi.org/10.1038/d41586-018-05112-1

Beaud L., De Guibert C. (2011), Identité et spécificité du « pédantisme » dans le syndrome d'Asperger, Neuropsychiatrie de l'enfance et de l'adolescence, 59, 469-477.

Carroll, L. & Tober, J. (1999). Les Enfants Indigo - Enfants du 3ème millénaire. Ariane.

Crespi B. J. (2016). Autism As a Disorder of High Intelligence. Frontiers in neuroscience, 10, 300. https://doi.org/10.3389/fnins.2016.00300

Grandgeorge, D. (2016) Traitement homéopathique pour l'autisme : Chlorum et les autres…. La Revue d'Homéopathie, 7(1), 17-20. https://doi.org/10.1016/j.revhom.2016.01.004

Kaplan, B. J., Crawford, S. G., Dewey, D. M., & Fisher, G. C. (2000). The IQs of children with ADHD are normally distributed. Journal of learning disabilities, 33(5), 425–432. https://doi.org/10.1177/002221940003300503

Kern, J. K., Geier, D. A., Sykes, L. K., Geier, M. R., & Deth, R. C. (2015). Are ASD and ADHD a Continuum? A Comparison of Pathophysiological Similarities Between the Disorders. Journal of attention disorders, 19(9), 805–827. https://doi.org/10.1177/1087054712459886

Lyons, V., & Fitzgerald, M. (2007). Did Hans Asperger (1906-1980) have Asperger syndrome?. Journal of autism and developmental disorders, 37(10), 2020–2021. https://doi.org/10.1007/s10803-007-0382-4

1 / PROBLEMAS

El orden y la comprensión de la estructura de las cosas son uno de los objetivos fundamentales de la ciencia. En la abundancia de fenómenos en la vida, llena de contrastes y mezclas que se fusionan entre sí con límites difusos, la persona reflexiva busca encontrar un punto de apoyo sólido al dar nombres a diferentes fenómenos, delimitándolos de otros fenómenos, estableciendo conexiones, similitudes y contrastes, en resumen, al organizar las cosas en orden, en un sistema. Este trabajo es un requisito previo esencial para el conocimiento. Las ciencias humanas deben seguir estos mismos caminos. Pero en ningún lugar las dificultades son mayores que aquí : cada ser humano es un ser único, irreemplazable, indivisible ("individual") y, por lo tanto, en última instancia, incomparable con los demás. Cada persona presenta rasgos aparentemente contradictorios : la vida prospera precisamente en los contrastes y las tensiones. Por último, los seres humanos son las criaturas más enigmáticas de la Tierra ; la esencia más íntima de una personalidad no se revela a quien busca el autoconocimiento o al observador que se enfrenta a ella y busca penetrar en el yo interno de otro. A pesar de estas dificultades, o quizás debido a ellas, los pensadores siempre se han esforzado por examinar a los seres humanos y también clasificarlos, establecer una serie de imágenes de caracteres humanos y distinguirlos entre sí, es decir, lograr una tipología que haga justicia a la diversidad de la vida. Los intentos de clasificar los fenómenos humanos van en tres direcciones principales :

1.   Existe una búsqueda de un par de opuestos como principio de orden : así, principalmente, Kretschmer (porque aunque reconoce tres o cuatro tipos, para él todo es esencialmente separado de la polaridad esquizotímica y ciclotímica) y, a pesar de diversas diferenciaciones extensas, Jaensch (integrado-desintegrado) y Jung (introvertido-extravertido). Sin embargo, por fructífero que haya resultado este principio de clasificación como principio heurístico, este enfoque "unidimensional" (Schröder) no es suficiente para hacer justicia a la diversidad de los fenómenos humanos. Especialmente en el caso de las personalidades que se encuentran dentro del rango normal de variación, y aún más en el caso de los niños y adolescentes, estos intentos de clasificación a menudo parecen más bien espasmódicos e insatisfactorios. Sin embargo, las enseñanzas de Kretschmer parecen merecer la más alta apreciación en un punto : en la síntesis de lo físico y lo mental, en "Estructura corporal y carácter", Kretschmer fue el primero en mostrarnos de manera muy precisa (algo que muchos ya tenían una idea bastante nebulosa en el pasado, solo piense en los esfuerzos de los antiguos fisiognomistas y frenólogos) que las constituciones físicas y mentales se corresponden entre sí hasta el más mínimo detalle.

2.   A continuación, deben mencionarse las verdaderas tipologías de carácter. Se intenta caracterizar y clasificar personalidades, especialmente personalidades psicopáticas, basándose en un solo rasgo "primario". Es imposible entrar en una discusión de las numerosas tipologías existentes aquí, ni siquiera las tipologías de caracteres psicopáticos. Como ejemplo de todas ellas, mencionaremos únicamente la clasificación de Kurt Schneider, que

probablemente sea la más conocida y útil para el trabajo práctico. Schneider distingue a los psicópatas hipertrímicos, depresivos, inseguros, fanáticos, egoístas, de humor lábil, explosivos, despreocupados, sin voluntad y asténicos, y describe de manera convincente los perfiles de personalidad basados en una amplia experiencia psiquiátrica. Paul Schröder y su escuela han planteado serias objeciones a este enfoque ; es un empobrecimiento completamente inaceptable caracterizar personalidades basándose en un solo rasgo y pasar por alto todos los demás que también contribuyen a su carácter. El propio Schneider admitió que los tipos son "primordialmente y siempre, en lo que respecta al individuo, pautas aproximadas de una unilateralidad fundamental". Además de cada tipo, también deben considerarse numerosas subformas, combinaciones y relaciones con otras psicopatías, de modo que a veces parece dudoso si uno de estos "aspectos secundarios" no debería recibir más consideración que el aspecto principal. Esto significa que desde el principio se debe renunciar a las tipificaciones unidimensionales en la enredada e infinitamente colorida estructura de los caracteres, y cualquier descripción sistemática debería basarse en su multidimensionalidad.

3.　　　Así es como Schröder llega a su clasificación de caracteres, especialmente de caracteres infantiles. Si se pueden describir todos los aspectos esenciales de la vida mental de una persona, que, en cada individuo, están "combinados" para formar un todo en cantidades variables, entonces se obtiene una imagen clara de esa persona, lo que permite determinar sus modos de reacción, de los cuales también se puede inferir el enfoque educativo y, final y principalmente, el pronóstico social. Las anomalías mentales (el término "psicopatía" es rechazado por Schröder, ya que podría implicar que un psicópata es un idiota, lo cual no es cierto ni en términos de la condición ni en un sentido hereditario-biológico) no consisten en que uno de estos aspectos esté ausente o que se agregue uno nuevo. Todas las diferencias mentales, incluso las más monstruosas, deben describirse y explicarse en función de la diferencia en el grado de desarrollo de cada parte individual, así como en función del resultado de todas las partes en un todo. Así, entre los aspectos mentales, Schröder describe, además del intelecto, entre otros, la voluntad (espontaneidad), el apoyo, la búsqueda de validez, la imaginación y probablemente lo más importante, el espíritu. No es una sola parte, sino la armonía de un todo lo que determina el destino humano. Por ejemplo, en el caso de las personas inestables, todo depende de si tienen mucho espíritu y pueden así desarrollar suficientes conexiones, o si tienen poco espíritu y son egoístas; se puede esperar que una persona con un exceso de imaginación, una fuerte motivación, un fuerte deseo de reconocimiento y poco espíritu se convierta en un impostor, pero si una persona tiene buenas cualidades intelectuales junto con la misma imaginación y motivación, puede convertirse, por ejemplo, en un artista sin conflictos sociales. No cabe duda de que este enfoque caracterológico es particularmente útil en términos de educación práctica; proviene enteramente de la comprensión y el amor por trabajar con niños y jóvenes, y también para evaluar la necesidad y la naturaleza de las medidas de protección social. En cualquier caso, es mejor que cualquier tipología alcanzable, especialmente las tipologías sistemáticas. Sobre todo, demuestra que hace justicia a las personalidades que se encuentran más dentro del rango normal de variaciones, ya que una persona en la que una anomalía grave de una sola tendencia mental o una anomalía cualitativa no determina el cuadro general de la personalidad será juzgada de manera distorsionada si se intenta clasificarla en una tipología. Pero también existen objeciones al enfoque de Schröder, tanto desde un punto de vista teórico como práctico. ¿Cómo es posible que las características de las personalidades infantiles descritas por la escuela de Schröder a menudo no parezcan ser descritas e investigadas en detalle? Aunque esta perspectiva, junto con Hecht, afirma ser multidimensional en comparación con otros sistemas unidimensionales de juzgar a las personas, a menudo se tiene la sensación, especialmente al intentar aplicar este sistema uno mismo a los individuos, de que las "dimensiones" o aspectos de Schröder no son suficientes, de que hay otros aspectos que no se tienen en cuenta en este sistema. Esta objeción se aplica a cualquier caracterología sistemática en general. Si uno se adhiere a un esquema fijo desde el principio, se olvidará de ver y juzgar correctamente aquellos elementos que pueden ser esenciales, que le dan al cuadro sus características particulares, pero que no aparecen en el sistema fijo. Una segunda objeción, aún más esencial: es demasiado fácil para la persona que aplica este sistema de examen de personalidad caer en la creencia de que la personalidad humana se puede explicar como una suma de partes, como una suma de datos inherentemente constantes que, difieren solo cuantitativamente en diferentes casos, se suman para formar un todo a través de una simple adición. Sin embargo, como ser vivo, e incluso como el ser vivo más organizado, el ser humano no debe verse como una suma de partes si se quiere hacer justicia a su naturaleza. La personalidad humana es un organismo, lo que significa que cada uno de sus rasgos está conectado con los demás, y cada rasgo influye y es influido por todos los demás. Estos no son pesos en una balanza que, con sus diferentes cantidades, resultan en una cierta suma final, una cierta "resultante", que se puede comparar con una personalidad, sino un tejido compuesto de muchos hilos vivos, cada uno de los cuales sostiene y une a los demás. Los diferentes aspectos de la mente, por lo tanto, no son constantes que se pueden tener en cuenta como siempre iguales, diferenciándose solo en cantidad, sino que ellos mismos presentan muchas diferencias cualitativas y, por lo tanto, solo se pueden comparar entre sí con precaución. Dos ejemplos aclararán este pensamiento. Aunque se puede admitir que ciertas características no se pueden considerar por separado de otras, esta posibilidad parece existir al menos para la inteligencia. Ciertamente se puede medir con bastante precisión por sí sola, determinada cuantitativamente, como también parece estar probado por las pruebas de inteligencia más comunes, incluidas las pruebas de Binet y sus modificaciones. Pero ahora debe mostrarse que no existe tal cosa como la inteligencia en sí misma, que solo difiere cuantitativamente entre individuos. Además de la medida del talento, también se "juega un papel" en la evaluación precisa de la inteligencia todo lo demás de la personalidad. Por lo tanto, una prueba de inteligencia bien realizada debería poder proporcionar información esencial sobre toda la personalidad, es decir, no solo sobre la medición del talento, sino también sobre algo que concierne a su trabajo y sus perturbaciones, intereses, espontaneidad, estado de ánimo, contacto, imaginación, originalidad; no sería fácil enumerar todo aquí, ya que habría aproximadamente tantas posibilidades como personalidades posibles. ¡Qué diferencia, por ejemplo, entre la inteligencia típica del niño y la inteligencia típica de la niña, qué diferencia cualitativa entre los logros del filósofo y el artesano aprendido, del autista (sobre el cual hablaremos en este trabajo) y del individuo primitivo "integrado", del charlatán y del "intelectual" formulado con precisión, que puede estar cargado de inconvenientes y dudas! (Pronto informaremos sobre un método de examen que, a través de su guía libre, flexible y adaptada a las particularidades de la persona examinada, permite realizar afirmaciones esenciales sobre su personalidad). Un segundo ejemplo: la importancia central en el trabajo de Schröder se da a la evaluación del espíritu, este aspecto psicológico "que tiene relaciones con otras personas, la capacidad de interesarse por los demás, de empatizar, de estar con ellos". Precisamente por el hecho de que la evaluación del espíritu es de una importancia tan decisiva en el trabajo de Schröder, creemos que podemos reconocer la grandeza del trabajo de Schröder, el trabajo de un hombre que fue un gran educador y un gran amante (la palabra y el concepto de "agape" siempre reaparecen en la discusión del espíritu). Pero al considerar el espíritu, debemos hacer las mismas reservas que hemos mencionado anteriormente para la inteligencia; el espíritu tampoco es una constante que existe simplemente en diferentes cantidades en diferentes individuos, sino que en sí mismo es una función inmensamente compleja, que muestra grandes diferencias cualitativas en diferentes personalidades. También es toda la personalidad de una persona la que se expresa a través de su espíritu, y solo puede ser comprendida correctamente desde la perspectiva de la personalidad como un todo. Qué diferente, por ejemplo, es el espíritu en el caso de un hombre inestable que establece relaciones emocionales muy fáciles con personas, animales y cosas, que regala sus posesiones para hacer felices a los demás, cuyas lágrimas de remordimiento son innegablemente genuinas, al igual que todos sus sentimientos en general, pero nada de esto se puede construir, sino que son arrastrados por impulsos instintivos y seducción, y en el caso de un niño, con un espíritu muy diferente y rico, personalmente difícil de conquistar, que rara vez muestra afecto pero que, en nombre del apego al padre, educador o amigo, soporta, mejora, aprende, y qué diferente es el "espíritu" de los autistas con sus aparentemente insondables contradicciones entre un apego conmovedor, por ejemplo, a los animales o las cosas, y la falta de amor y la crueldad hacia las personas, especialmente las más cercanas a ellos, contradicciones que no se pueden clasificar simplemente como "pobreza espiritual" o "riqueza espiritual" o medir cuantitativamente. Asimismo, se podría mostrar con los otros aspectos psicológicos del sistema caracterológico de Schröder, así como con otros sistemas caracterológicos, por ejemplo, el de Klages, que en muchos aspectos tiene un efecto aún más deductivo, que estos aspectos presentan diferencias cualitativas significativas según los individuos y reciben una iluminación particular del resto de la personalidad. Debemos concluir que al intentar obtener una imagen de un ser humano al agregar partes constantes dadas en diferentes proporciones para formar un todo, obtenemos una imagen que, en muchos casos, como admite Schneider en su tipología, también ofrece solo valores aproximados, "pautas aproximadas" -si no es posible convertir esta imagen en un conjunto interdependiente, es decir, un organismo, a través de un acto creativo de sinopsis. Sin embargo, creemos que en muchos casos esto puede funcionar mejor si, en lugar de intentar pasar de partes ordenadas según un sistema al todo, tomamos el camino inverso, desde la personalidad aprehendida como un todo hasta los rasgos individuales. Con respecto a la objeción mencionada anteriormente contra un método de trabajo caracterológico sistemático, hay otra: si uno está obligado a preguntar siempre por los mismos rasgos, las "partes de la personalidad" (y solo estas) según su esquema, a menudo se obtiene una abundancia bastante inusual de información, especialmente si ciertas partes y direcciones se dan en un grado medio, de modo que una persona no pierda ninguno de sus rasgos distintivos al respecto. Para algunas personas, no es importante cuestionar su imaginación, su deseo de reconocimiento, su dinamismo; si se aprende que presentan un grado promedio de tal o cual rasgo, la imagen se ve más cargada en lugar de aclarada por esta información. Si, sin embargo, se busca lo típico en una persona, pasando por alto todo lo que es inusual, para reconocer lo que determina la esencia, se obtiene una imagen concisa de su personalidad, así como un artista resalta solo los rasgos esenciales de su obra y elimina lo mediocre, dándole a la obra el carácter de lo convincente, lo verdadero. La experiencia nos ha mostrado que al intentar aprehender personalidades según puntos de vista preconcebidos se obtiene una visión estrecha, se corre el peligro de descuidar precisamente lo que es único y, por lo tanto, esencial en esa persona. Nuestro enfoque parte de la intuición, del intento de comprender el principio de la construcción de la personalidad; tratamos de mostrar los rasgos a partir de los cuales se organiza la personalidad que se va a juzgar. La base científica de este camino la debemos a Ludwig Klages: son los fenómenos expresivos de una persona los que nos revelan su esencia. La impresión que producen estas manifestaciones nos permite distorsionar una imagen de la personalidad que tenemos frente a nosotros. Este camino desde los fenómenos expresivos hasta la esencia renuncia conscientemente a un sistema dado desde el principio. Parte conscientemente del individuo, busca comprender su personalidad en su singularidad y no en su representación según una imagen sistemática preconcebida. Es un intento de captar y comprender a la persona en su totalidad, teniendo en cuenta todos sus rasgos y el enfoque de la personalidad en su complejidad viva. Desde este punto de vista, cada personalidad es única, y la clasificación según categorías preestablecidas solo puede conducir a resultados artificiales y a una comprensión limitada. En cambio, debemos esforzarnos por comprender a la persona en su unicidad y en su interacción con el entorno, para poder brindarle un apoyo y comprensión reales.

2/ NOMBRE Y CONCEPTO

En un esfuerzo por encontrar y conceptualizar el trastorno subyacente en torno al cual parece organizarse la personalidad de este grupo de niños anormales, hemos elegido el término "psicopatías autistas". El nombre se deriva del concepto de autismo, el trastorno fundamental que se manifiesta de manera extrema en individuos esquizofrénicos. El término, en nuestra opinión, una de las mayores creaciones lingüísticas y conceptuales en el campo de la nomenclatura médica, se origina, como todos saben, en Bleuler. Mientras que un ser humano normal vive en una interacción ininterrumpida con el entorno, reaccionando constantemente a él, en el individuo "autista" estas relaciones están severamente interrumpidas y restringidas. La persona autista es solo "ellos mismos" (de ahí la palabra "auto"), no una parte viva de un organismo más grande constantemente influenciado por y actuando sobre el entorno. A continuación, utilizamos las formulaciones de Bleuler con respecto al autismo esquizofrénico : "El esquizofrénico pierde el contacto con la realidad" en diferentes grados, "ya no le importa el mundo externo". Hay una "falta de iniciativa, ausencia de una meta específica, falta de consideración por muchos factores de la realidad, confusión, ideas repentinas y peculiaridades". "Muchas acciones individuales, así como la actitud general hacia la vida, están insuficientemente motivadas desde el exterior" ; "la intensidad y el alcance de la atención están perturbados". "A menudo falta durabilidad en la voluntad, pero en ciertas circunstancias pueden aferrarse a ciertas metas con gran energía" ; "a menudo se encuentra terquedad caprichosa"; "los pacientes desean algo y al mismo tiempo su opuesto", se encuentran "acciones compulsivas, acciones automáticas, automatismos de comando y otros". "Viven en un mundo imaginario compuesto por todo tipo de deseos e ideas persecutorias". Este pensamiento, que no está determinado por la realidad, sino por deseos, afectos y lo que Bleuler llama pensamiento "autista" o "derealista", también se encuentra, fuera de los esquizofrénicos, donde produce sus resultados más extraños, en gran medida incluso en individuos no psicóticos e incluso en gran medida en el pensamiento cotidiano, la superstición y la pseudociencia. (Este último aspecto del autismo no desempeña un papel importante en nuestros niños ; solo hay indicaciones esporádicas de este trastorno del pensamiento aquí y allá). Por otro lado, encontramos los otros rasgos del autismo que acabamos de mencionar también en este tipo de personalidades psicopáticas que proponemos describir. Así como podemos considerar que la personalidad del esquizofrénico está completamente organizada por la pérdida progresiva del contacto, así como el autismo esquizofrénico le da al pensamiento y a toda la afectividad, sentimiento, voluntad y acción del paciente su color particular, de modo que los síntomas esenciales de la esquizofrenia pueden reducirse fácilmente al denominador común del cierre de las relaciones entre uno mismo y el mundo externo, la restricción de las relaciones en todas las áreas también es característica de nuestros niños. Pero aquí no estamos tratando con niños perturbados en su personalidad, es decir, no con niños psicóticos, sino solo con niños que presentan psicopatías, más o menos anormales. Pero también aquí, la perturbación fundamental ilumina todas las expresiones de la personalidad, explicando las dificultades, los fracasos, así como los éxitos particulares. Si uno ha aprendido a prestar atención a las expresiones características de la persona autista, este trastorno psicopático, especialmente en menor grado, no es en absoluto raro, incluso en niños. A continuación, describiremos algunos rasgos de personalidad característicos. Comenzaremos con un niño que es anormal en gran medida y que tiene graves trastornos en las relaciones sociales.

3/ FRITZ V.

El niño, nacido en junio de 1933, llegó en otoño de 1939 para ser observado en el servicio de educación terapéutica del hospital universitario para niños en Viena. Había sido inscrito en la escuela; sin embargo, desde el primer día de su escolarización, quedó claro que era "completamente inadecuado para la escuela".

3.1/ Historia

Fritz es el primer hijo de sus padres (tiene un hermano menor que es dos años más joven, quien también es un poco travieso y difícil, pero lejos de ser tan anormal como él). El parto transcurrió completamente normal. Desarrollo: aunque las funciones motoras se desarrollaron relativamente tarde (solo comenzó a caminar a los 14 meses, fue particularmente torpe y dependiente durante mucho tiempo, aprendió tareas prácticas de la vida diaria muy tarde y con dificultad, volveremos a eso más adelante), aprendió a hablar muy temprano: a los 10 meses (es decir, mucho antes de poder caminar), pronunció sus primeras palabras, rápidamente aprendió a expresarse en frases completas y hablaba "como una persona mayor". No hay información sobre enfermedades específicas y especialmente no hay indicios que sugieran un trastorno cerebral. Desde muy temprana edad, tuvo dificultades significativas en la escuela; no obedecía ninguna orden, simplemente hacía lo que quería o lo contrario de lo que se le decía que hiciera. Siempre estaba muy inquieto e inestable en cualquier entorno, tocando todo, mostrando interés en todo y haciendo caso omiso de cualquier prohibición restrictiva. Tiene un instinto destructivo pronunciado, rasgando o rompiendo rápidamente cualquier cosa que caiga en sus manos. Siempre ha sido incapaz de integrarse en cualquier comunidad de niños. Siempre juega solo, no se lleva bien con otros niños y no le importan; "solo lo irritan". Inmediatamente se vuelve agresivo, golpeando con lo que pueda agarrar (una vez usó un martillo), sin importar si pone seriamente en peligro a los demás. Por eso fue expulsado de nuevo después de solo unos días cuando intentaron integrarlo en el jardín de infancia. De manera similar, un intento de inscribirlo en la escuela primaria fracasó el primer día debido a su comportamiento completamente desenfrenado. Atacaba a otros niños, deambulaba por el aula sin preocuparse y trataba de destruir perchas para abrigos. Le falta relaciones emocionales genuinas con los demás. A veces tiene arrebatos de ternura, lanzándose a los brazos de varias personas sin motivo aparente. Sin embargo, no parece agradable en absoluto, en absoluto como la expresión de un sentimiento o afecto verdadero, sino más bien abrupto, "como una crisis". Da la impresión de que no puede amar realmente a nadie y no puede hacer nada para complacer a nadie. Está completamente impasible cuando alguien está enojado o triste con él. De hecho, parece que se complace cuando el educador está enojado con él, como si le diera una sensación agradable que intenta provocar a través de la negatividad y la malicia (hablaremos de su malicia particular más adelante). Le falta un verdadero respeto. O bien no le importa en absoluto la autoridad de los adultos o está completamente distante, dirigiéndose a los extraños sin preocupación. Aunque dominaba el lenguaje de manera excepcionalmente temprana, no pudo aprender el "usted" formal (forma de tratamiento cortés) y usa el "tú" familiar con todos. Parece muy peculiar debido a ciertos movimientos estereotipados y otros hábitos (este punto también se abordará en el informe sobre su comportamiento).

3.1.1/ Antecedentes familiares

La madre proviene de la familia de uno de los más grandes poetas austriacos. En el lado materno, hay casi exclusivamente intelectuales, todos los cuales, según la madre, son o fueron "un poco brillantemente locos"; varios de ellos "escribieron poemas encantadores". Una de las hermanas del abuelo materno, una "brillante maestra de escuela", era particularmente excéntrica y bastante solitaria. El abuelo materno, así como varios de sus parientes, no asistieron a la escuela pública y tuvieron que asistir a una escuela privada. El niño se asemeja mucho a este abuelo; también tuvo dificultades similares en su juventud y parece algo así como una caricatura de un erudito desconectado del mundo real. La madre misma también se parece mucho al niño (lo cual es particularmente notable en una mujer, ya que se exige de su género la mayor certeza de instinto, la mejor adaptación a las situaciones y más sentimiento que intelecto). Ya en su actividad motora, aún más en su forma de hablar y en su comportamiento general, parece extraña, mal adaptada y solitaria (por ejemplo, la situación en la que la madre y el hijo caminan juntos a la clínica para ir a la clase es muy significativa: la madre se queda allí, aparentemente sin ver nada del mundo, con los brazos cruzados, mientras el niño se porta mal, corriendo de vez en cuando, parece que los dos no tienen nada que ver el uno con el otro). La impresión es que la madre no está en absoluto a la altura de la tarea, no solo en lo que respecta a su hijo, sino también en la vida práctica en general e incluso en el mantenimiento de la casa. Aunque vive en un ambiente burgués, siempre parece un poco descuidada, incluso mal arreglada y vestida de manera muy poco halagadora. Además, evidentemente no puede asegurar el cuidado físico de su hijo (es cierto que el cuidado físico del niño es muy difícil de llevar a cabo; volveremos a eso más adelante). La madre conoce a su hijo en todos sus rasgos y dificultades, y al buscar rasgos similares en sí misma, sus antepasados y sus padres, puede dar cuenta de todo muy bien. Destaca una y otra vez que no tiene idea de cómo lidiar con él, y esto se hace aún más evidente cuando se ve a los dos juntos; queda bastante claro que esto se debe tanto a las dificultades endógenas del niño como al hecho de que la madre también está considerablemente limitada en sus relaciones con el mundo, especialmente en sus funciones instintivas. El siguiente rasgo parece característico de su naturaleza: cuando las cosas en casa se vuelven demasiado pesadas para ella, deja todo sin preocuparse por los hombres de la familia que quedan atrás y se va a las montañas, que tanto ama, durante una semana o más. El padre del niño proviene de un clan campesino que se dice que no tiene un carácter notable. Escaló puestos por sí mismo y se convirtió en un alto funcionario. Por lo tanto, se casó tarde; al nacer su primer hijo, tenía 55 años. El padre es un hombre tranquilo y reservado a quien no le gusta revelar nada sobre su naturaleza, no le gusta hablar sobre sí mismo y sus asuntos, muy correcto, pedante y mantiene una distancia personal significativa.

3.2/ Apariencia y expresiones

El niño tiene una constitución delicada, alto (11 cm por encima de la altura promedio para su edad), delgado, con un esqueleto delicado y musculatura subdesarrollada. El color de la piel es gris-amarillento, carente de frescura, con turgencias presentes, y las venas en el tejido subcutáneo se destacan fuertemente en las sienes y partes superiores del pecho. La postura es muy relajada, los hombros caídos y las escápulas sobresalen. Aparte de eso, no hay características físicas particulares. El rostro tiene rasgos finos y principescos que ya están altamente diferenciados para su edad, carente de características infantiles. Su mirada es llamativa : la mayor parte del tiempo, si no hay un destello travieso en él, se vacía y no establece contacto visual con la persona frente a él para establecer la unidad de contacto conversacional. Parece que solo mira a las personas y las cosas con breves miradas "periféricas". Es "como si no estuviera allí". La misma impresión la da su voz : es delgada y aguda, como si viniera de lejos. Falta la melodía normal de las palabras, el flujo natural del habla. La mayor parte del tiempo habla muy lentamente, arrastrando ciertas palabras, con una modulación aumentada. Su habla se asemeja a un canto tirolés. El contenido de su discurso también es muy diferente a lo que se esperaría de un niño normal : lo que dice rara vez se corresponde con la pregunta formulada. A menudo, las preguntas tienen que repetirse varias veces hasta que las comprende. Si responde, suele hacerlo de la forma más concisa. Sin embargo, muy a menudo no hay posibilidad de hacer que responda en absoluto, o responde con negativas, golpeteo rítmico u otros estereotipos, como describiremos más adelante. Puede repetir la pregunta o una palabra específica de la pregunta que aparentemente le impresionó, o puede cantar : "No me gusta decir eso, no me gusta decir eso...".

3.3/ Comportamiento en la clínica

Al igual que su postura, mirada, voz y forma de hablar, el comportamiento del niño en el grupo de niños mostró de inmediato que sus interacciones con su entorno estaban significativamente restringidas. Desde los primeros momentos y durante toda su estadía, se mantuvo al margen de la comunidad, vagando como un extraño, aparentemente ajeno a su entorno. Es imposible hacer que juegue en grupo. Sin embargo, también es incapaz de jugar en solitario de manera significativa; no sabe qué hacer con las cosas. Si le das bloques de construcción, por ejemplo, se los mete en la boca y los mastica, o los tira todos debajo de las camas (aparentemente, el ruido resultante le causa una sensación agradable). Así, mientras que las reacciones correctas hacia las personas, las cosas y las situaciones estaban en gran parte ausentes, él se entregaba por completo a sus impulsos espontáneos, que no tenían conexión con la situación ambiental. Sus movimientos estereotipados eran particularmente llamativos: de repente comenzaba a golpear rítmicamente sus muslos o a golpear fuertemente la mesa, la pared u otra persona, o saltaba por la habitación, sin importarle el asombro de los demás. Estos impulsos son generalmente espontáneos, pero a veces se desencadenan por ciertas situaciones. Por un lado, cuando se le imponen demandas que él percibe generalmente como una intrusión no deseada en su burbuja: si es posible que por un breve momento logres que responda, que reaccione, rápidamente se hace evidente que la reticencia se acumula dentro de él y se manifiesta a través de movimientos o llantos. Por otro lado, es el movimiento o la agitación a su alrededor lo que lo incita a realizar estos comportamientos estereotipados. Si hay un ambiente ruidoso, alegre y agitado en la estación de tren, por ejemplo, o durante un juego, puedes estar seguro de que él rápidamente se saldrá del grupo y comenzará a saltar o golpear. También tiene varios hábitos peculiares y desagradables: "come" cosas imposibles, como lápices con madera y plomo, o grandes cantidades de papel (por lo que no es sorprendente que a menudo tenga dolor de estómago). Tiene el hábito de lamer la mesa y embadurnarla con su saliva. Tampoco faltan los actos maliciosos característicos de estos niños. El niño, que estaba allí, débil y distraído, de repente se levanta con una mirada brillante y rápidamente hace algo: toma objetos de la mesa y golpea rápidamente a otro niño, siempre elige a los más pequeños, los indefensos que se asustan mucho de él; él se ríe o deja que fluya el agua; o se aleja abruptamente de su madre o acompañante, dificultándoles atraparlo, o cae deliberadamente en charcos, empapándose por completo. Estos actos impulsivos ocurren sin previo aviso, lo que los hace inmensamente difíciles de controlar desde un punto de vista educativo. Además, es característico de estos actos que generalmente ocurren en las situaciones más desagradables, embarazosas o peligrosas, y el niño debe ser consciente de esto, a pesar de prestar tan poca atención a su entorno. Es a través de esta precisión que la malicia de estos niños parece tan "refinada". Como era de esperar, estas interrupciones ocurren cuando el entorno le exige algo, cuando se intenta involucrarlo o instruirlo, tanto en el grupo de niños como en las interacciones individuales. Solo con habilidades pedagógicas especiales (que se abordarán más adelante) es posible integrarlo en el grupo de gimnasia o trabajo durante un corto período. Además de su resistencia a las órdenes y la autoridad, la gimnasia y el trabajo no son adecuados para él porque es muy torpe en sus habilidades motoras. Nunca está físicamente relajado, no se balancea rítmicamente y carece de control sobre su cuerpo. Es por eso que siempre escapa del grupo de gimnasia o de su mesa de trabajo, saltando, golpeando o trepando en las camas, o entonando un canto estereotipado. Las mismas dificultades surgen cuando se intenta trabajar con él individualmente. Por ejemplo, tomemos su comportamiento durante la prueba de inteligencia. Dado que en este caso no era posible realizar un examen regular, se agregará una descripción de nuestro método de prueba en el próximo caso. Administrar la prueba fue inmensamente desafiante. Una y otra vez, saltaba, golpeaba al examinador, caía de la silla al suelo e insistentemente exigía que lo volvieran a sentar, riendo y respondiendo: "Nada en absoluto, nadie en absoluto", o repitiendo la pregunta o una palabra sin sentido o un neologismo de manera estereotipada. A menudo, la pregunta y la solicitud tuvieron que repetirse varias veces para atraparlo en un momento en que estuviera listo para responder. En tales ocasiones, a veces lograba actuaciones que estaban significativamente avanzadas para su edad.

<u>Aquí hay algunos ejemplos :</u>

- Tarea de construcción (se le pidió que imitara una figura hecha de palitos, que consistía en dos cuadrados y cuatro triángulos, que se mostraba durante unos segundos y luego se guardaba): Aunque solo parecía echar un vistazo a la figura, fue capaz de reproducirla correctamente en cuestión de segundos, aunque no mediante su ensamblaje. En su lugar, simplemente tiraba los palitos al suelo, dejando claro que apuntaba a la figura correcta, pero no se le podía persuadir para que alineara correctamente los palitos.

- Prueba de golpeteo (imitar ritmos preestablecidos): A pesar de todos los esfuerzos, no se pudo convencer a participar.

- Secuencia de dígitos: Podía repetir fácilmente secuencias de seis dígitos, y parecía que podía continuar indefinidamente, pero de repente perdió el interés (en el método de prueba de Binet, la repetición de seis dígitos solo se requiere para niños de 10 años, ¡mientras que el niño tiene solo seis!).

- Memoria de frases: Esta prueba tampoco se pudo evaluar, ya que pronunciaba deliberadamente muchas frases incorrectamente. Sin embargo, estaba claro que podía lograr al menos un rendimiento correspondiente a su edad.

- Prueba de diferencias: Algunas preguntas no tenían respuesta y otras no tenían una respuesta correcta. Por ejemplo, (árbol y arbusto) "hay una diferencia"; (mosca y mariposa) "porque tienen nombres diferentes", "porque la mariposa ha nevado, ha nevado sobre ella"; (en cuanto al color) "porque es rojo y azul, y la mosca es marrón y negra"; (madera y vidrio) "porque el vidrio es mucho más vidrio y la madera es mucho más madera"; (vaca y ternero) "un cordero, uno cálido" - (¿cuál es más grande?) "la vaca" - "me gustaría tener el cercado ahora - -". Estos ejemplos de la prueba de inteligencia son suficientes.

No proporcionaron una imagen clara de las habilidades intelectuales del niño. Esto no se esperaba con un ser humano que apenas puede responder correctamente, sino que sigue impulsos espontáneos, careciendo de una interacción viva con el entorno. Para evaluar sus habilidades, también es necesario considerar sus producciones espontáneas. Sus padres habían afirmado que a menudo los sorprendía cuando menos se lo esperaban con sus comentarios, que revelaban una excelente comprensión de la situación y un buen juicio de las personas, un hecho sorprendente dado que aparentemente presta poca atención a su entorno. Sobre todo, había mostrado un interés particular en los números y las matemáticas desde muy temprana edad. Sin que nadie intentara enseñarle nada, solo había hecho preguntas ocasionalmente, no solo aprendió a contar más allá de cien, sino que también podía hacer cálculos en este rango de manera "juguetona". Estas habilidades, que el niño poseía, no se podían resaltar arbitrariamente a través de preguntas, sino que surgían "por casualidad", especialmente durante las lecciones individuales que comenzaron después de su estadía en el departamento de educación compensatoria. Comenzó a trabajar con decenas e incluso con múltiples decenas. Hoy en día, muchos niños inteligentes de seis años pueden usar decenas antes de comenzar la escuela. Sin embargo, lo que es inusual es lo que apareció durante el primer año de lecciones. Aprendió, por así decirlo, por sí mismo, a comprender completamente las fracciones y realizar cálculos con ellas. Por ejemplo, según relató su madre, al comienzo de una lección planteó el problema de determinar cuál era más grande, 1/16 o 1/18, y lo resolvió con certeza. Una vez, solo por diversión y para poner a prueba los límites de su capacidad, alguien le preguntó cuánto era 2/3 de 120, y él de inmediato dio la respuesta correcta, 80. De manera similar, una vez sorprendió a todos comprendiendo el concepto de números negativos, aparentemente por su cuenta, y afirmó que 3 menos 5 eran "2 por debajo de cero". Hacia el final del primer año escolar, también se familiarizó con la resolución de problemas, como la pregunta: "Dos trabajadores tardan cierto tiempo en completar una tarea, ¿cuánto tiempo tomaría a seis trabajadores?". Podemos ver aquí, como encontraremos con casi todos los niños autistas, un interés particular que le permite al niño lograr cosas realmente notables en su "dominio especial". Esto también arroja luz sobre la cuestión de la inteligencia en estos individuos, aunque sigue siendo difícil de responder, ya que los resultados son tan contradictorios que diferentes evaluadores pueden llegar a juicios completamente opuestos. ¡Estos individuos pueden considerarse acertadamente tanto prodigiosos como poco inteligentes! Una nota final sobre las relaciones personales del niño. A primera vista, puede parecer que estas relaciones no existen en absoluto o que solo existen en sentido negativo, caracterizadas por la malevolencia y la agresión. Sin embargo, esto no es del todo cierto. Ocasionalmente, por casualidad, se hizo evidente que tenía un claro sentido de quién le deseaba bien, y a veces correspondía a esa bondad. Por ejemplo, le gustaba mucho su maestra que le enseñaba aquí, y en raras y breves ocasiones, recibía un toque de ternura, como cuando abrazaba a una hermana del servicio.

3.4/ Consecuencias pedagógicas

Es evidente a partir de lo dicho hasta ahora que los desafíos pedagógicos son particularmente significativos en este caso. Clarifiquemos las condiciones esenciales que llevan a un niño "normal" a obedecer, integrarse y aprender, no solo materias académicas, sino, lo que es más importante, el aprendizaje de un comportamiento adecuado. No se trata en absoluto de una comprensión intelectual del requisito.

Incluso antes de que un niño comprenda las palabras del educador, incluso en la primera infancia, aprenden a obedecer, no a palabras abstractas, sino a la mirada de la madre, el tono de su voz, su actitud y gestos. En resumen, al indescriptiblemente rico juego de sus expresiones. El niño pequeño no comprende conscientemente todo esto, pero se ve impresionado por ello. Está en constante interacción con el educador, desarrollando constantemente sus propias reacciones, siempre modificándolas en función de las experiencias positivas o negativas que ha tenido en su interacción con el mundo real. Es fácil entender que las relaciones inalteradas con el entorno son el requisito previo esencial. Sin embargo, en nuestro caso, este maravilloso mecanismo de regulación se encuentra gravemente perturbado. Una señal de ello es que las expresiones del niño no se desarrollan normalmente. Ya hemos descrito lo diferentes que son su mirada, que es la forma en que gran parte del mundo ingresa en el ser humano y una parte significativa de su ser se expresa externamente. Su voz, forma de hablar y habilidades motoras también son diferentes. Por lo tanto, no es sorprendente que su comprensión de las expresiones externas y la respuesta correcta a ellas se vean perturbadas.

Abordemos el mismo tema desde una perspectiva ligeramente diferente: lo que lleva a un niño a obedecer no es principalmente el contenido de las palabras, que comprenden e procesan intelectualmente, sino el afecto del educador que se expresa a través de las palabras. Al dar órdenes, no es tanto lo que dice el educador lo que importa, por ejemplo, cómo justifica la orden, cómo hace que el niño comprenda la necesidad y las consecuencias de la obediencia (y la desobediencia) (solo los educadores sin instinto piensan y actúan de esta manera), sino más bien cómo se da la orden, el poder del afecto que hay detrás de las palabras. El afecto que se expresa a través de las palabras se entiende incluso por los bebés, los hablantes extranjeros e incluso los animales, que aún no pueden comprender el significado de las palabras.

Pero en nuestro caso, como en todos los casos similares, la vida emocional está gravemente perturbada. Esto ya se evidenció en la descripción dada hasta ahora. No comprendemos mucho acerca de sus emociones; a menudo no sabemos qué lo hace reír con alegría o saltar, qué desencadena su agresión hacia los demás o qué lo vuelve tierno. Muchas cosas que emanan de él parecen abruptas, no se basan en la situación. Si la afectividad del niño es tan anormal que es difícil empatizar con él, no es sorprendente que su reacción a las emociones del educador también sea incorrecta.

De hecho, es bastante característico de Fritz V., al igual que de todos estos niños, no reaccionar a las prohibiciones afectivas o las órdenes, la ira y la molestia, o incluso los halagos y la adulación "afectuosos" con obediencia o cumplimiento, sino con negativismo, malicia y agresión. Mientras que las expresiones de amor, ternura y adulación de un adulto tienen un significado agradable para un niño normal, motivándolos a comportarse bien para obtener esa comodidad, para estos individuos autistas con trastornos sociales, tales cosas, como se demuestra con Fritz V. y otros, tienen un efecto desagradable e irritante.

Y mientras que la ira y la amenaza finalmente doblegan la voluntad y la desobediencia de un niño normal y provocan una obediencia adecuada, en nuestros autistas ocurre lo contrario: generalmente, evocar el afecto del educador es una experiencia que disfrutan, obteniendo diversión de ello. "Soy tan travieso porque tú estás tan molesto", dijo un niño a su maestro.

Es difícil describir el enfoque pedagógico correcto en tales casos. Al igual que cualquier enfoque pedagógico auténtico, no resulta de deducciones lógicas, sino principalmente del instinto educativo. No obstante, se pueden establecer varias cosas fundamentales que han demostrado tener éxito empíricamente con estos niños.

Lo primero es que todas las medidas pedagógicas deben llevarse a cabo "con afecto desactivado"; el educador nunca debe enojarse ni frustrarse, ni tratar de ser "amable" o "infantil". Sin embargo, no es suficiente parecer tranquilo en la superficie mientras se hierve internamente, lo que sería evidente teniendo en cuenta el negativismo y la malicia refinada de estos niños. En cambio, el educador debe mantenerse genuinamente tranquilo, controlado y compuesto internamente. Sin imponerse al niño, deben dar instrucciones con serenidad y objetividad. Si se escucha la enseñanza de un niño así y se observa cómo todo ocurre de manera tranquila y "natural", podría dar la impresión de que todo está sucediendo "al margen", que simplemente se permite que el niño haga lo que quiera. Nada podría estar más lejos de la verdad. En realidad, guiar a estos autistas requiere una tensión especial, concentración y seguridad interna por parte del educador, lo cual no es para nada fácil de mantener.

Además, existe el riesgo de que el negativismo verbal de estos niños pueda llevar a debates cuando se intenta demostrarles que están equivocados o guiarlos hacia una comprensión correcta. Por lo general, son los padres quienes intentan entablar debates interminables e infructuosos. Por otro lado, a menudo es posible cortar de raíz tales argumentos negativistas; por ejemplo, cuando Fritz está cansado de aritmética y "canta": "Ya no me gusta la aritmética, ya no me gusta la aritmética" — el maestro: "No, no necesitas aritmética" (y continúa en el mismo tono tranquilo) — "cuánto es...". Por primitivos que puedan parecer estos métodos pedagógicos, la experiencia muestra que generalmente son efectivos.

En general, vale la pena enfatizar que estos niños son negativistas y particularmente influenciables, y a menudo presentan patrones de comportamiento automáticos. Este comportamiento se vuelve aún más evidente en los esquizofrénicos. En ambos casos, la rigidez negativista y el comportamiento de mandato automático coexisten en el mismo individuo. De hecho, estas dos perturbaciones de la voluntad probablemente están profundamente conectadas internamente. Con nuestros niños también se puede observar repetidamente que cuando se hacen demandas, aparentemente, de manera "automática" y estereotipada, con una calma similar a la suya, a menudo se tiene la sensación de que deben obedecer, sin posibilidad de desafiar la orden.

Otro enfoque pedagógico, a saber, presentar las medidas pedagógicas no como solicitudes personales, sino como leyes objetivas e impersonales, se describirá en otros casos donde se pueda demostrar mejor.

Ya se mencionó que detrás de este enfoque frío y objetivo para tratar a Fritz V. y a todos los demás niños de este tipo, debe haber una genuina benevolencia si se pretende lograr algo pedagógicamente. Aunque sean difíciles, incluso en las condiciones educativas más favorables, solo pueden ser guiados y enseñados adecuadamente por personas que no solo los comprendan, sino que también sientan una simpatía genuina por ellos, amabilidad y sentido del humor. La ley del "automatismo timogénico" (Hamburger) también se aplica a ellos: el comportamiento del educador, que proviene de su mente, su actitud mental, influye automáticamente (de ahí el término "automatismo timogénico"), sin voluntad, sin conciencia, en el estado de ánimo y el comportamiento del niño. Por supuesto, el conocimiento de sus particularidades y la experiencia pedagógica genuina son indispensables para trabajar con niños de este tipo, eso está claro, pero la rutina fría por sí sola no es suficiente.

Desde el principio fue evidente que Fritz V., con sus considerables anomalías, no podía ser enseñado en un aula regular.

No solo el revuelo a su alrededor lo irritaría enormemente y haría imposible concentrarse en el trabajo, sino que también interrumpiría por completo cada clase escolar y socavaría el trabajo de los demás. ¡Solo considerar su negativismo y sus movimientos impulsivos sin inhibiciones es suficiente! Por lo tanto, organizamos que recibiera clases individuales en nuestro departamento a cargo de un miembro del personal (con el consentimiento de la junta escolar de la ciudad). No hace falta decir que incluso esto no fue fácil, ni siquiera en aritmética, considerando su talento particular para las matemáticas. Ciertamente, tan pronto como se encontraba con un problema que le interesaba (se dieron algunos ejemplos anteriormente), se "sintonizaba" y sorprendía con su comprensión rápida y precisa. Sin embargo, la aritmética "ordinaria", la parte mecanizable, requería mucho esfuerzo.

También veremos en otros casos cómo, incluso con los niños más inteligentes, la mecanización, es decir, adaptarse a los procesos de pensamiento habituales, siempre plantea dificultades particulares. Como se esperaba desde el principio, enseñarle a escribir fue particularmente desafiante. Sus dificultades generales de adaptación se vieron agravadas por su torpeza motora, lo cual lo obstaculizó enormemente. El lápiz no obedecía en sus manos estrechas. A menudo manchaba toda la página con trazos grandes, perforaba agujeros en el cuaderno con la punta o rasgaba la página o el cuaderno. Al final, la única forma de enseñarle a escribir era que el maestro trazara las letras y las palabras con lápiz rojo, y luego él las escribiría con su lápiz, así se conectaba con el movimiento correcto. Sin embargo, su caligrafía seguía siendo aburrida y poco atractiva. La ortografía también fue muy difícil de mecanizar. En particular, tenía el hábito de escribir toda la oración en un solo trazo continuo sin separar las palabras.

Hoy en día, puede escribir casi todas las palabras correctamente si se le pide que preste atención, pero cuando está solo, comete los errores más tontos. Aprender a leer, especialmente la fusión de sonidos, resultó moderadamente difícil. Las lecciones de ciencias naturales parecían totalmente imposibles de llevar a cabo; si uno observaba una de estas lecciones, parecía como si él no estuviera escuchando en absoluto, simplemente se estaba portando mal. Fue aún más sorprendente cuando varias ocasiones, como los informes de su madre, revelaron que había utilizado una parte significativa del material de aprendizaje y no lo había maltratado en absoluto. Lo que caracteriza a Fritz V., al igual que a todos los demás niños de este tipo, es que parecen ver mucho con la "visión periférica", percibiendo solo desde el "borde de la atención", transformando lo que ven en posesión intelectual. La atención activa y pasiva se ve significativamente interrumpida y externalizar su conocimiento es muy difícil. Sin embargo, poseen, como se descubre a menudo por casualidad, una experiencia interior excepcionalmente rica, buen pensamiento lógico y habilidades de abstracción especialmente fuertes. De hecho, a menudo da la impresión de que incluso con personas completamente normales, una mayor distancia del entorno es casi un requisito previo para una buena abstracción. Volveremos a esto más adelante.

A pesar de las considerables dificultades de enseñanza, como se verá después de esta descripción, sin embargo, hemos tenido éxito en enseñar al niño hasta el punto en que pudo aprobar un examen en la escuela pública con buenos resultados al final de cada año escolar. La naturaleza excepcional del examen fue lo suficientemente poderosa como para hacer que se comportara de manera razonable y demostrara buena concentración en su trabajo. Naturalmente, en aritmética, dejó sorprendidos a los profesores examinadores. Actualmente, Fritz V. asiste al tercer grado de la escuela primaria como estudiante externo, sin haber perdido ningún año escolar hasta ahora. No sabemos si y cuándo podrá asistir a una escuela pública regular.

3.5/ Consideraciones para el diagnóstico diferencial

Dadas las conductas profundamente anormales en el caso del niño Fritz V., se debe considerar si se trata de un trastorno de personalidad más grave que la mera psicopatía. Sobre todo, se deben considerar dos enfermedades : la esquizofrenia infantil temprana y un trastorno cerebral. Es cierto que ciertos aspectos de la condición de Fritz V., como la restricción severa de los contactos sociales, el automatismo y las estereotipias, se asemejan a características esquizofrénicas. Sin embargo, los siguientes factores argumentan en contra de este diagnóstico : la condición del niño no muestra progresión ni se asemeja a un proceso; no hay inicio con síntomas alarmantes y llamativos característicos de la esquizofrenia infantil temprana (ansiedad severa, alucinaciones), ni hay evidencia de delirios en este caso; la deterioración progresiva de la personalidad está ausente. Ninguna de estas características está presente en Fritz V. Él presenta una personalidad altamente anormal pero consistentemente estable, cuyas características se pueden atribuir en gran medida a las de su padre, madre y sus familias. Esta personalidad demuestra un desarrollo consistente que, en general, conduce a una mejor adaptación a las demandas del entorno. Por último, y lo más importante, la impresión general compleja, que no se puede rastrear o especificar completamente, es completamente diferente al enfrentarse a un individuo esquizofrénico en comparación con un niño como Fritz V. Por un lado, está la extraña impresión de destrucción de la personalidad, que tal vez se pueda manejar en cierta medida a través de medios pedagógicos, pero sigue siendo inimaginable, impredecible y verdaderamente inaccesible. Por otro lado, hay muchas conexiones genuinas, comprensión mutua e influencia pedagógica genuina que, aunque desafiante, se puede lograr mediante ciertos métodos. Sin embargo, también debemos considerar la posibilidad de un trastorno de personalidad postencefálico. Discutiremos más adelante que existen ciertas similitudes entre los autistas y los niños afectados por trauma de nacimiento o encefalitis. Aquí, solo mencionaremos que no hay evidencia que respalde esta posibilidad : la historia médica no proporciona indicaciones de ello y, sobre todo, no hay otros síntomas que estén siempre presentes en los pacientes postencefálicos (aunque a veces se pasan por alto fácilmente). En el caso de Fritz V., no hay síntomas neurológicos o vegetativos, como estrabismo, rigidez facial, incluso una leve paresia espástica, salivación excesiva o signos endocrinos.

4/ HARRO L.

El segundo caso descrito es sobre un niño que también presenta las características esenciales de este tipo de manera característica. En este caso, las alteraciones en su relación con el entorno no son tan graves como en el primer caso. Por el contrario, se presentan los aspectos positivos de estos niños, como su pensamiento independiente, experiencia y expresión.

El niño de 8 años y medio también asiste a la escuela, y el equipo se enfrenta a dificultades disciplinarias incontrolables. Está en su tercer año escolar, pero debe repetir el segundo grado porque falló por completo en las asignaturas durante el último año escolar. El maestro siente que "podría si quisiera". A menudo proporciona respuestas sorprendentemente buenas que revelan una madurez mucho más allá de su edad. Sin embargo, con frecuencia se niega a cooperar y a menudo utiliza expresiones extremadamente vulgares que amenazan con socavar la disciplina de toda la clase. Por ejemplo, diría: "Es demasiado estúpido para mí". Casi nunca hace sus tareas.

Las dificultades disciplinarias son las más significativas. La mayor parte del tiempo, no obedece las peticiones y responde con tal insolencia que el maestro renuncia a exigirle algo para evitar exponerse frente a la clase. Mientras no hace lo que el entorno espera de él, hace lo que se le ocurre sin tener en cuenta las prohibiciones o las consecuencias de sus acciones. Se levanta de su asiento durante las lecciones y se arrastra por el aula. Una de las principales razones de su expulsión de la escuela fueron sus peleas violentas. Se enfurecería increíblemente por asuntos triviales, atacaría a otros niños y los golpearía sin control. Lo que es particularmente peligroso es que no es un luchador habilidoso en absoluto; estos niños suelen saber hasta dónde pueden llegar, controlar bien sus movimientos y, por lo tanto, rara vez hacen algo mal. Es completamente diferente con Harro; es particularmente torpe (hablaremos de esto más adelante) y no tiene control sobre sus habilidades motoras. No puede determinar dónde golpea, por lo que sus oponentes a menudo resultan heridos. Es particularmente sensible a las burlas, pero parece gracioso de muchas maneras, casi invitando a las burlas.

Miente" mucho, no para excusar algo que ha hecho; eso no suele importarle. Se atreve a decir la verdad. Sin embargo, cuenta largas historias fantásticas. Una vez que empieza, se vuelven cada vez más elaboradas, con cuentos de hadas cada vez más alocados e incoherentes.

Llama la atención su precoz independencia en algunos aspectos. Desde el segundo curso, cuando tenía 7 años, viaja solo a la escuela en Viena. Sus padres viven en un pueblo a unos 25 km de Viena. Su padre, que quiere algo especial para su hijo, no confía mucho en la escuela local y lo envía a la escuela de Viena.

De una forma un tanto extraña, su descuido se manifiesta a través de juegos sexuales inapropiados con otros chicos, ¡llegando incluso a actos homosexuales reales e intentos de coito!

Teniendo en cuenta los antecedentes y la historia familiar, cabe destacar que Harro es hijo único. El parto fue difícil (fórceps), pero no se observaron alteraciones que pudieran indicar un traumatismo del nacimiento. Tampoco hay nada especialmente destacable en su desarrollo mental y físico. Se dice que de pequeño no destacaba mucho, pero su fuerte voluntad e independencia se manifestaron desde una edad temprana.

El padre que trae al niño es una persona bastante singular, y el niño se parece mucho a él. Debe ser algo aventurero e errático. Nació en Transilvania, Sajonia, y escapó del ejército rumano durante la Gran Guerra, llegando a Austria a través de Rusia en un largo y peligroso viaje. Es un pintor y escultor profesional, pero actualmente practica el encuadernado de pinceles "como profesión de emergencia" (en ese momento, había mucho desempleo aquí, lo que hace llamativo el contraste entre las dos profesiones). El padre, procedente de un origen campesino, es un tipo decididamente intelectual: adquirió su educación por completo por su cuenta. Sus historias nos cuentan que en el pueblo donde vive no tiene compañeros y es considerado un excéntrico. Afirma estar muy nervioso, "pero se controla de tal manera que parece completamente imperturbable".

La madre, a quien nunca tuvimos la oportunidad de ver (tuvimos la impresión de que el padre no lo deseaba), también sería "muy nerviosa". En las familias tanto del padre como de la madre, había muchos "individuos muy nerviosos". No se proporcionaron más detalles al respecto.

4.1/ Características Físicas y Expresivas

Harro es un niño bastante pequeño (4 cm por debajo de la altura promedio para su edad), sorprendentemente robusto y compacto, con músculos poderosos. Parece algo atrofiado, dando la impresión de que sus extremidades son un poco cortas. En ciertos aspectos, se asemeja a un "adulto en miniatura", especialmente debido a la madurez de sus rasgos faciales. Su mirada a menudo está algo perdida y ausente, a veces pareciendo melancólica. Luego frunce el ceño, creando una dignidad algo cómica. Su postura también es peculiar: se mantiene con los brazos extendidos desde su cuerpo, como un pícnico o un luchador. Es muy contenido en expresiones faciales y gestos. Su comportamiento serio y digno rara vez se quiebra, excepto cuando se ríe traviesamente de sí mismo; a menudo no está claro qué le resulta gracioso en esos momentos.

Su voz también se corresponde con esta imagen: es muy profunda, como si viniera desde las profundidades, como si se originara desde el vientre. Habla lentamente, sin modulación animada en su discurso. Cuando habla, nunca mira a su interlocutor; su mirada se fija en algún lugar a lo lejos. Con una expresión facial tensa o incluso forzada, busca la formulación de sus pensamientos. Logra esto notablemente bien; su manera de expresarse es inusualmente madura, completa y adulta. No parece un mero gesto, como ocurre con algunos niños, ni un lenguaje acabado e inexperto. Más bien, surge de sus propias experiencias no infantiles, maduras. Simplemente se tiene la sensación de que está buscando la palabra correcta. A menudo, no responde directamente a la pregunta, sino que deja que su discurso fluya, relatando sus propias experiencias y sentimientos. Muestra una introspección inusual, siendo observador y autocrítico ("Soy un zurdo terrible"). A pesar de parecer distante de las cosas y las personas, o tal vez debido a ello, experimenta mucho y tiene intereses independientes. Se puede conversar con él como con un adulto y recibir instrucción genuina de su parte.

Este carácter está especialmente bien ilustrado por su comportamiento durante la prueba de inteligencia, que se describirá aquí.

4.2/ Prueba de Inteligencia

En primer lugar, nos gustaría hacer algunas observaciones sobre el método de examinación utilizado en nuestro departamento. La diferencia principal en comparación con los métodos convencionales (como el método Binet, del cual hemos tomado algunas pruebas) es que el examen se lleva a cabo de manera mucho más flexible. No nos interesa simplemente los resultados positivos o negativos de las diferentes pruebas, que luego se incluyen en una evaluación numérica. En cambio, damos mucho más valor a los aspectos cualitativos. No solo se evalúan individualmente las diferentes pruebas de acuerdo a sus respectivos niveles, presentados en forma de curvas (de manera que las diferencias en el desempeño individual ya se expresan de esta manera, mientras que estas diferencias se pierden en la única y uniforme figura del cociente intelectual), sino que también se presta especial importancia a observar cómo el niño resuelve las tareas individuales, su método de trabajo, su ritmo individual, la concentración en el trabajo y, sobre todo, su compromiso y atractivo. El proceso de examinación se adapta suavemente a la personalidad del niño. Lo que todo buen examinador debe hacer, por ejemplo, es lidiar con niños ansiosos, inhibidos o seguros de sí mismos, potencialmente mostrándoles el camino y brindándoles ayuda. Por eso es importante, aunque a menudo bastante desafiante, evaluar correctamente la ayuda del examinador. Por otro lado, se debe contener a individuos parlanchines, inquietos y distantes, agrupándolos de cerca y obligándolos a comportarse objetivamente. Sin embargo, también tratamos de considerar los intereses específicos de un niño, permitiéndoles producir libremente en ciertas ocasiones, ayudándoles en su enfoque haciéndoles preguntas, profundizando con más consultas y, en caso de fallas o deficiencias específicas, siguiendo con preguntas no planificadas originalmente en el plan de examinación hasta lograr una clarificación.

Este método de examinación requiere una experiencia mucho mayor que otros métodos más esquemáticos con evaluaciones fijas. Sin embargo, si se lleva a cabo correctamente, puede proporcionar información no solo sobre la medición de la aptitud intelectual, sino también sobre funciones esenciales de la personalidad. Ahora pasemos al curso del examen con Harro L.: Al igual que en el caso de Fritz V., aunque no en la misma medida, aquí también fue muy desafiante llevar a cabo el examen. A menudo, cuando una solicitud no le interesaba, se volvía completamente insensible, simplemente escuchando la solicitud. A menudo se requería un gran esfuerzo para lograr que cumpliera. Su mente a menudo divagaba, lo que requería una redirección constante. Sin embargo, una vez que estaba concentrado, su rendimiento era generalmente bueno.

Omitiremos las pruebas individuales que no revelaron nada particularmente significativo y proporcionaremos resultados más detallados para las "preguntas de diferencias". Aquí, donde él podía producir espontáneamente, mostró interés y se animó, completamente comprometido. De hecho, a menudo las preguntas tuvieron que ser acortadas, ya que amenazaban con volverse interminables. Árbol - Arbusto: El arbusto, sus ramas crecen directamente desde el suelo, en tal desorden que a menudo sucede que tres o cuatro ramas se cruzan, formando un nudo en la mano. El árbol, por otro lado, comienza con el tronco que crece y luego las ramas, sin tal desorden, y las ramas también son más gruesas. Una vez, mientras cortaba un arbusto para hacer una resortera, corté cuatro ramas y luego tuve un nudo rígido en la mano. Es como cuando dos ramas se rozan entre sí, causando una herida y creciendo juntas. Escalera - Escalera de mano: Las escaleras están hechas de piedra, no se llaman peldaños sino escalones porque son mucho más grandes. Las escaleras de mano, en cambio, son más delgadas, más pequeñas y más redondas. Te sientes mucho más cómodo en las escaleras que en una escalera de mano. Estufa - Cocina: La estufa se usa en la habitación para encenderla (!), y la cocina se usa para cocinar. Lago - Río: Bueno, el lago no se mueve de su lugar, y nunca puede ser tan largo o ramificarse tanto como un río. Siempre hay un final para un lago. El Danubio no se puede comparar con el Lago Ossiach en Carintia, ni en lo más mínimo. Vaso - Madera: El vidrio es transparente. Si quieres mirar a través de la madera, tienes que hacer un agujero. Si quieres romper un trozo de madera, tienes que golpearlo durante mucho tiempo hasta que se rompa. Como máximo, puedes golpear un trozo delgado de fresno, que se rompe fácilmente. Con el vidrio, solo necesitas golpearlo dos veces para que se rompa. Mosca - Mariposa: La mariposa es colorida, mientras que la mosca es negra. La mariposa tiene alas grandes, lo que permite que dos moscas se ajusten debajo de una sola ala. Pero la mosca es mucho más habilidosa y puede caminar sobre vidrio resbaladizo y trepar paredes. ¡Y tienen ciclos de vida completamente diferentes! (Ahora, literalmente se vuelve extático, hablando con urgencia casi exagerada). La mosca madre pone montones y montones de huevos en una grieta en el suelo, y unos días después, salen las larvas. Leí esto una vez en un libro; el suelo cuenta la historia. ¡Me muero de risa (!) cuando pienso en eso: "¿Qué sale del pequeño barril, una enorme cabeza con un cuerpo diminuto y una trompa como la de un elefante?" Luego, después de unos días, se transforman en pupas, y de repente, emergen pequeñas moscas encantadoras. Y el microscopio explica cómo una mosca puede caminar así en la pared: "Justo ayer, vi una con garras pequeñas en sus pies y pequeños ganchos en los extremos. Cuando siente que se resbala, se agarra con los ganchos". - Y la mariposa no crece en la habitación como la mosca. Aún no he leído nada al respecto y no sé nada al respecto (!), pero creo (!) que la mariposa tardará mucho más en desarrollarse. Envidia - Avaricia: La persona avariciosa posee algo y no quiere dar nada, mientras que la persona envidiosa quiere tener lo que otros poseen.

4.3/ Pruebas de Aprendizaje

Dado que los niños que vienen a nosotros para evaluación casi siempre tienen dificultades de aprendizaje, deliberadamente incluimos requisitos de aprendizaje en nuestro método de prueba, al ser conscientes, por supuesto, de que las influencias ambientales, como la falta de atención a las necesidades educativas, desempeñan un papel (pero, ¿en qué casos podemos ignorar por completo las influencias del entorno? Es un gran error creer que las reacciones a las pruebas desarrolladas por Binet son independientes del entorno del cual provienen los niños). Lectura: Lee la historia descuidada e incorrectamente, pero está claro que "lee para comprender", que está interesado en el contenido de la historia, que quiere seguir adelante, por lo que la precisión no le importa en absoluto. Como se puede esperar de su estilo de lectura, su comprensión lectora es muy buena. Explica correctamente lo que ha leído, con sus propias palabras, y destaca la moraleja de la historia, que no se mencionaba en la lectura misma (es una fábula sobre un zorro castigado por su vanidad). Escritura dictada: La escritura es, como se esperaba después de su torpeza en otras áreas, muy pobre: escribe descuidadamente, comete errores, las líneas suben y bajan, la posición de la escritura cambia. La ortografía es bastante buena en el test siempre que mantengas su atención y cuando se concentra realmente, sabe con certeza cómo se escribe una palabra. Es muy significativo que cometa muchos más errores al copiar que en la dictación, ¡aunque se espera que copiar sea fácil ya que ve la palabra frente a él! Pero este ejercicio simplista no le interesa. Matemáticas: Aquí es donde se evidencia especialmente la "originalidad autista". Algunos ejemplos: 27 y 12 suman 39; da espontáneamente la explicación de su cálculo: "2 veces 12 son 24, 3 veces 12 son 36, me quedo con el 3 (piensa que 27 es 3 más que 2 veces 12), y lo agrego". 58 y 34 suman 92; "mejor: 60 y 32, siempre tomo decenas". 34 menos 12 son 22; "34 y 2 son 36, menos 12 son 24, menos 2 son 22, eso se me ocurrió más rápido que cualquier otra cosa". 47 menos 15 son 32; "o agregas 3 y agregas 3 a lo que se debe restar, o primero restas 7 y luego agregas 8". 52 menos 25 son 27; "2 veces 25 son 50, y 2 hacen 52, 25 y 2 son 27". Ejercicio de palabras (recuerda, el niño tiene 8 años y medio, está en el segundo grado de primaria): una botella con una tapa cuesta 1.10 chelines, la botella sola cuesta solo 1 chelín más que la tapa, ¿cuánto cuesta cada una? Después de unos 5 segundos, encuentra la solución correcta y explica cuando se le pregunta: "Si la botella cuesta 1 chelín más, debes apartar el chelín y debe quedar una parte de las 10 monedas; así que tengo que dividir por 2, entonces la tapa cuesta 0.05 chelines, la botella cuesta 1.05 chelines". Tan encantadora como pueda parecer esta maestría en números, aquí también aparece la otra faceta del modo autista de funcionamiento: no todos los problemas aritméticos planteados se resuelven correctamente, y en varios de ellos, el sistema que establece para resolver el problema es tan complicado, no importa cuán original, que termina cometiendo errores y llegando a un resultado incorrecto. Pero no se le ocurre aplicar los métodos convencionales aprendidos en la escuela, como restar las decenas primero y luego las unidades. Aquí llegamos a una importante realización: la dificultad de la mecanización en individuos autistas y la incapacidad de pensar en las líneas sugeridas por los adultos, de aprender brevemente de ellos. Por el contrario, extraen cosas únicamente de su propia experiencia, su propio pensamiento, lo que tiene el efecto de un defecto en muchos casos, incluso para los más inteligentes entre ellos. Esto explica por qué un niño tan inteligente no pudo alcanzar los resultados académicos esperados para su edad y ahora tiene que repetir el segundo grado. En un entorno grupal, es aún más desafiante que en las pruebas individuales, donde se podrían tener en cuenta sus inhibiciones y permitir sus producciones originales y espontáneas. Hemos observado en nuestro departamento cómo su desempeño es menos bueno en un grupo. En este caso, es necesario prestar atención a las instrucciones del maestro dirigidas a todos y hacer exactamente lo que se pide. Pero él no puede hacer ambas cosas. Deja que sus pensamientos divaguen, persigue sus propios problemas, generalmente no sabe de qué se está hablando. Solo retiene de las lecciones lo que le interesa y los aborda a su manera. Dado que, según los informes de la escuela, casi nunca sabe qué tarea debe hacer y, por lo tanto, a pesar de los esfuerzos de su padre, no realiza el trabajo correcto en casa, no es sorprendente que, a pesar de su talento indiscutible, también reconocido por la escuela, no haya alcanzado los objetivos educativos de la clase durante el año escolar anterior.

4.4/ Comportamientos Clínicos e Intervenciones Pedagógicas

En el caso de Harro L., todas las peculiaridades de su comportamiento pueden explicarse por la restricción de sus relaciones con el entorno. Permaneció como una especie de forastero durante toda su estancia en el departamento. Nunca se le ve participando en juegos de grupo; en su mayoría, se sienta en un rincón, absorto en un libro, lo cual es inusual a su edad; ¡normalmente, solo los niños de diez años están absortos en una lectura! Se le ve como extraño debido a su apariencia y a la "dignidad" que lo acompaña (¡los niños sienten esto particularmente bien!); pero lo tratan con una cierta distancia tímida, y tienen razón al hacerlo: ante cualquier burla de los otros niños, responde con actos brutales e imprudentes. No puede tolerar las bromas, incluso si no van dirigidas a él; está completamente desprovisto de humor. Puede resistirse descaradamente a las demandas de disciplina; responde: "Ni siquiera me lo plantearía" o, si concede a la educadora tal autoridad que no se atreve a hacerlo, al menos murmura para sí mismo en voz baja. No establece relaciones humanas más estrechas, ya sea con un niño del departamento o un adulto. Ciertamente, es interesante y también es muy encantador hablar con él, pero nunca se vuelve cálido, confiable y alegre, al igual que uno no puede ser cálido con él, nunca se vuelve libre y relajado. Esto se observa en toda su actividad motora: sus expresiones faciales escasas y rígidas corresponden a su rigidez y torpeza general (sin ningún síntoma neurológico patológico o espasticidad). Sus dificultades son especialmente evidentes en gimnasia, ya sea siguiendo las instrucciones del líder del grupo o incluso al realizar un ejercicio "correctamente" con todos sus esfuerzos; siempre permanece angular y estéticamente poco atractivo; nunca se balancea realmente al ritmo del grupo, nunca el movimiento surge de manera natural y espontánea, y por lo tanto, hermoso, de la coordinación correcta de todo el sistema motor. En cambio, parece que solo logra lo que dirige conscientemente en ese momento, moviendo solo ciertos músculos independientemente de otros. Lo que se puede decir sobre muchas de sus reacciones también es cierto aquí: nada le viene naturalmente; todo le llega solo intelectualmente. Pero de esta manera, también fue posible, mediante una práctica paciente, lograr una mejora en muchas de sus habilidades prácticas. Como todos estos niños, Harro era particularmente torpe y también resistente a tareas diarias pequeñas como la lavandería. Fue una lucha difícil para él aprender los hábitos sociales en esta área. En los niños "normales", la adquisición de estas innumerables habilidades prácticas, el dominio de las demandas de la vida diaria, no plantea ningún problema; aprenden todo esto de los adultos, casi por sí mismos. Esto es lo que esperan los educadores. Sin embargo, con estos niños siempre hay conflictos considerable: los educadores no entienden que cosas "obvias" como estas deben enseñarse laboriosamente a un niño así, y se impacientan e irritan; los niños son insuficientes ante estas demandas prácticas, no se puede decir si la culpa recae más en la torpeza motora o en la falta de comprensión de la situación real, pero en cualquier caso, ambos siempre están presentes; además, son particularmente sensibles a las demandas personales, aunque sean intelectualmente más interesantes y más fáciles de involucrar. Por lo tanto, no es sorprendente que los niños autistas respondan a demandas aparentemente mínimas y obvias de la vida diaria con resistencia irritada, negativismo y malicia, y que surjan conflictos graves precisamente en estos puntos. ¿Cuál es el mejor enfoque pedagógico para lidiar con estas dificultades? Como se describió en el primer caso, se encontró que se lograron avances cuando uno "aparentemente extinguió sus afectos", cuando uno se adaptó a una forma impersonal y "objetiva" de dar órdenes. Aquí, en el caso de Harro L., que era mucho más inteligente y menos perturbado en su carácter, se demostró que un método funcionaba, que sabemos que tiene éxito en la mayoría de los casos autistas: el niño seguía mejor cuando la orden no se le dirigía aparentemente a él como individuo, personalmente, sino cuando se expresaba, al menos lingüísticamente, de manera general e impersonal, cuando se hablaba como una ley objetiva que está por encima del niño y del educador (por ejemplo: "lo hacemos así - -", "ahora todos deben - - -", "un niño inteligente debe - - -"). Otro punto importante: los niños "normales" adquieren los hábitos sociales necesarios sin ser conscientes claramente de la mayoría de ellos; los aprenden inconscientemente, de manera instintiva. Precisamente estas relaciones instintivas son interrumpidas en los niños autistas; estos individuos son, sin rodeos, autómatas inteligentes. La adaptación social debe pasar por el intelecto; deben aprender todo intelectualmente. Todo debe ser explicado y enumerado para ellos (lo cual sería un grave error pedagógico con niños normales); deben aprender las pequeñas tareas diarias como una tarea escolar y deben hacerlas de manera sistemática. Con algunos de estos niños (que, sin embargo, eran ligeramente mayores que Harro L.), se logró casi un acuerdo sin problemas estableciendo un horario preciso en el que, desde que se despiertan a una hora determinada, todas las actividades y tareas del día se enumeraban con precisión; cuando los niños salían, recibían un "horario" como este para llevar a casa, que se elaboraba después de consultar con los padres, ya que tenía que adaptarse a las costumbres del hogar. Los niños debían informar regularmente sobre el cumplimiento del programa diario, por ejemplo, llevando un diario. Los niños se sentían firmemente vinculados por esta "ley objetiva"; muchos de ellos tienen muchas características pedantes y muchos muestran rasgos de naturaleza compulsiva-neurótica, y estas características podrían usarse para la clasificación. Con Harro L.

también se pudo lograr una adaptación más exitosa de la manera descrita, aunque con esfuerzo y conflictos. También se integró mejor en las demandas de las lecciones en grupo. Unos meses después de su partida, nos enteramos de que le iba mucho mejor en la escuela. Lamentablemente, no hemos recibido más actualizaciones sobre él (aparentemente, sus padres se mudaron). Las dificultades de adaptación instintiva a situaciones con estos niños pueden, como hemos visto, ser compensadas al menos parcialmente por el intelecto. Cuanto mayor sea la aptitud intelectual, más exitoso será esto, por supuesto. Sin embargo, el carácter autista no se encuentra solo en individuos intelectualmente superiores, sino también en individuos menos dotados o incluso profundamente discapacitados mentalmente. Es evidente que en estos últimos casos, la adaptación será mucho más difícil de lograr.

5/ ERNST K.

El niño, ahora con 7 años y medio, también necesita ser monitoreado por la escuela debido a serios problemas de comportamiento y dificultades de aprendizaje. Varios puntos de la historia médica deben destacarse. El nacimiento y desarrollo del niño fueron normales. Ernst es el único hijo. El inicio del habla fue algo retrasado (primeras palabras a la edad de 1 año y medio) y tuvo dificultades para pronunciar palabras correctamente durante mucho tiempo, mostrando tartamudeo. Sin embargo, ahora habla especialmente bien, "como un adulto". Incluso desde pequeño, fue muy desafiante y no cumplía con las demandas de la madre indulgente ni del padre estricto. Casi nunca cumple con las demandas habituales de la vida diaria. La madre cree que es muy torpe en la práctica, encontrando muchas cosas más difíciles que otros niños. Por ejemplo, siempre necesita ayuda para vestirse porque se mueve constantemente y hace las cosas incorrectamente. Recién hace poco aprendió a comer solo, pero todavía tiene dificultades y derrama comida por todas partes. La madre también piensa que puede ser malo y no escuchar instrucciones. Nunca ha logrado llevarse bien con otros niños. Ir al parque con él era imposible, ya que inmediatamente se involucraba en peleas, golpeando a otros niños a ciegas y lanzando insultos salvajes. Desde que comenzó la escuela, ha sido especialmente desafiante. Provoca a la clase, se convierte en el objetivo de burlas, recibe golpes y se siente impotente y a merced de los demás. Sin embargo, no se aleja de los demás niños; generalmente es él quien inicia conflictos. Siempre comienza con malicia, pellizcando y haciendo cosquillas a otros, o pinchándolos con su bolígrafo. Disfruta relatando experiencias fantásticas en las que siempre se muestra alto y heroico, contándole a su madre cómo fue elogiado por la maestra antes que nadie, y así sucesivamente. Fue difícil determinar si era inteligente o no. Antes de comenzar la escuela, estaban convencidos de que destacaría en el aprendizaje. Hacía comentarios inteligentes sobre diversos temas, mostraba habilidades originales de observación y había aprendido a contar hasta 20 "por sí mismo" y varias letras. Sin embargo, en la escuela, fracasa por completo. Fue promovido erróneamente desde el primer grado y, según la maestra, no hace nada en segundo grado. Sin embargo, la madre cree que es simplemente porque no presta atención. En lugar de seguir y responder correctamente, siempre está debatiendo con el maestro, por ejemplo, sobre cómo sostener el lápiz. Generalmente tiende a hablar con todos y hacer presentaciones. Es "muy preciso". Algunas cosas siempre deben estar en el mismo lugar y hacerse exactamente de la misma manera; de lo contrario, hace una rabieta. En general, es muy contradictorio. En algunos aspectos, es particularmente negligente y no puede adaptarse al orden, mientras que en otros es pedantemente preciso, lleno de dudas y ansiedades

5.1/ La familia

El padre se describe como muy nervioso e irritable. Trabaja como ayudante de sastre. Solo lo hemos visto una vez, aunque lo conocemos desde hace años. Parece ser un solitario y excéntrico. A la madre no le gusta hablar del ambiente familiar, pero es evidente que no puede ser armonioso, especialmente debido al carácter difícil del padre. La madre es una mujer inteligente y muy amable, pero lucha en la vida. Se describe a sí misma como muy nerviosa, sufre de frecuentes dolores de cabeza y es emocionalmente sensible. Le resulta difícil lidiar con el hecho de que su hijo, que claramente es su único propósito en la vida, sea tan único y falle en varios aspectos. Ella intenta defenderlo repetidamente ante la escuela, luchando desesperadamente contra su traslado a una escuela especial. El resto de la familia se considera poco destacable y ha sido difícil obtener información sobre ellos.

5.2/ Apariencia y comportamiento

Ernst es un niño alto (12 cm por encima del promedio) pero muy delgado y delicado. Su postura es relajada, con los hombros caídos. Tiene un rostro hermoso y finamente estructurado, solo empañado por sus grandes orejas ligeramente sobresalientes y poco atractivas. Es particularmente vasolábil, con manchas rojas brillantes que aparecen en su rostro cuando está avergonzado o emocionado. También desarrolla grandes gotas de sudor en el puente de la nariz. Su mirada también es muy distintiva. Parece completamente perdido, sin comprender las cosas ni enfocarse en nada, a menudo mirando hacia la distancia. Esto da la impresión de que el niño ha "caído del cielo". Su voz coincide con esta impresión. Es aguda, algo nasal y tensa, similar a una caricatura de un aristócrata degenerado (como el inmortal Conde Bobby). La impresión cómica y caricaturesca creada por su voz se refuerza aún más por su manera de hablar. El niño habla constantemente sin que se le pida, brindando largas explicaciones de todo lo que hace y justificando por qué hace ciertas cosas. Siente la necesidad de compartir de inmediato todo lo que nota con los demás, sin importar si es relevante para la situación. Algunas de estas numerosas "notas marginales" son bastante impresionantes. No solo su dicción se asemeja a la de un adulto, sino que a menudo demuestran buenas habilidades de observación. Sin embargo, sus habilidades prácticas contrastan fuertemente. Es completamente inadecuado incluso para las tareas más simples. Aunque puede recitar la rutina diaria de levantarse y vestirse con detalle, olvida o confunde gran parte de lo que discutió tan bien en teoría y se comporta ridículamente torpe. En un entorno grupal donde se supone que todos deben seguir un comando común, se comporta de manera imposible. Esto es especialmente evidente durante las clases de gimnasia, donde está completamente fuera de sincronía con la comunidad. No solo es particularmente torpe en habilidades puramente motoras, sino que también carece de comprensión de la disciplina o interés en ella. Perturba la clase refunfuñando, objetando o hablando de manera indirecta, diciendo: "Oh sí, ya entiendo, ya sé". Hasta el último día de su estadía en el servicio, permaneció como un extraño, vagando entre los niños sin participar verdaderamente en sus juegos. A lo sumo, reprendería a uno u otro niño o se involucraría repentinamente en una pelea feroz, ya sea porque se burlaban de él (es el blanco ideal de las burlas, desafiando involuntariamente a los demás) o porque él mismo la causaba. Es travieso, pellizca y empuja a los niños en secreto y destruye sus juegos. Si los más pequeños lloran o si el maestro se molesta, solo lo alienta a ser más travieso. Se dificulta la vida a sí mismo con sus caprichos y preocupaciones interminables. Si algo es incluso ligeramente diferente de lo que imaginaba o está acostumbrado, no puede encontrar el camino, lo que lleva a debates prolongados. Es extremadamente difícil para el educador desanimarlo, incluso si no tiene la intención de involucrarse. También se atormenta a sí mismo con su pedantería compulsiva, incapaz de superar el hecho de que algo es diferente de lo que esperaba. Por ejemplo, si deseaba un suéter para Navidad y en cambio recibe una camisa especialmente bonita y juguetes, no puede consolarse en absoluto con esta "inexactitud". Ni siquiera miraría los otros regalos y estaría infeliz durante todo el período navideño.

5.3/ Prueba de inteligencia y experiencia de aprendizaje

A pesar de que algunas de sus observaciones son buenas y acertadas en ocasiones, las dificultades de adaptación a las demandas del mundo eran evidentes en su comportamiento, lo que sugiere que no poseía una buena inteligencia desde el principio. Y eso era cierto. Ernst tiene una concentración particularmente pobre, no porque se distraiga fácilmente desde el exterior ("atención pasiva"), sino principalmente porque su atención activa se ve interrumpida. Durante la prueba de inteligencia, al igual que en otras situaciones, parece completamente ausente, sin preparación para reaccionar de manera adecuada, completamente impotente ante la mayoría de las solicitudes. En consecuencia, solo produce resultados muy pobres, incluso cuando se intenta involucrarlo mirándolo y hablándole. Su rendimiento en preguntas de diferencias es una vez más muy característico. Aquí hay algunos ejemplos: Mosca - Mariposa. "La mosca tiene alas como de vidrio, las alas de mariposa pueden estar hechas de seda (probablemente se refiere a un brillo sedoso). Son coloridas. Cuando hace frío, la mariposa muere y se convierte en una oruga en primavera y luego vuelve a convertirse en mariposa. Primero se convierte en una crisálida, y todo es plateado". Luego relata algunas experiencias no relacionadas, sobre polillas en la habitación y gusanos en la sopa, que no tienen nada que ver con la pregunta. Río - Lago. En el río, el agua fluye y en el lago, permanece quieta. En la superficie hay barro verde. Madera - Vidrio. El vidrio se rompe más fácilmente que la madera. El vidrio es una masa, la madera es jugosa y húmeda, tiene médula en el medio. La madera se convierte en cenizas cuando se quema, mientras que el vidrio se rompe y se derrite. Escalera - Escalera de mano. "La escalera de mano va de lado así, y la escalera va así" (hace un gesto para ilustrar los escalones). La escalera tiene una superficie por donde caminar, la escalera de mano tiene peldaños". Niño - Enano. "El enano es pequeño, el niño es grande. El enano se ve completamente diferente, usa un sombrero puntiagudo, pero es rojo. El niño usa una capucha". Aquí nuevamente encontramos las características de "inteligencia autista". Los desempeños son mejores cuando el niño puede producir de manera espontánea, pero peores cuando debe seguir un camino prescrito y definido, especialmente cuando debe reproducir lo que ha aprendido. El conocimiento del mundo se desarrolla principalmente a partir de sus propias experiencias, más que de lo que ha aprendido de los demás. Esto hace que los desempeños de personas altamente dotadas sean particularmente originales y atractivos. Sin embargo, en el caso de personas con discapacidades más graves, las respuestas se desvían más de lo que destacan. La información derivada de experiencias aleatorias no captura la esencia de las cosas. Lo mismo ocurre con la expresión del lenguaje. En los mejores casos, escuchamos formulaciones particularmente apropiadas e independientes, pero en los peores casos, las expresiones llegan incluso al punto de neologismos, apareciendo más aberrantes que agradables. En el caso de Ernst K., los aspectos negativos son más prevalentes (recuerde que es más de medio año mayor que Harro L., descrito anteriormente). Al menos, su rendimiento en preguntas de diferencias es lo mejor que puede lograr, demostrando su observación independiente y sus experiencias. Sin embargo, en otras áreas, especialmente en los requisitos escolares, esta inteligencia muestra fuertemente su lado opuesto. Si alguien solo puede adquirir experiencia de una manera original, si solo puede ser "él mismo" sin ser verdaderamente parte del mundo e interactuar constantemente con él, entonces no puede aprender. No puede aceptar lo que otros le brindan como conocimiento y habilidades completas. No puede ser "mecanizado" a través de la práctica y la habituación. Como resultado, todos los autistas tienen dificultades características con la mecanización. Pero mientras que los más inteligentes entre ellos finalmente superan estas dificultades gracias a su inteligencia, los que tienen trastornos graves fracasan completamente en la escuela, en mayor medida de lo que se esperaría basándose en su inteligencia formal. Ernst K. cae en esta categoría desfavorable. Sus desempeños en todas las materias son miserables. Solo puede hacer aritmética con la ayuda constante de elementos visuales (contando en sus dedos, aunque bastante hábil y rápidamente, simulando así tener una habilidad que le falta). La lectura es muy lenta y a menudo confunde las letras. El reconocimiento de sonidos le plantea los desafíos más significativos y su comprensión de lo que se lee es relativamente un poco mejor. Sin embargo, su fracaso es más evidente en la escritura. Como casi todos los autistas, su letra es terrible, siendo tan físicamente torpe. La pluma no le obedece, se atora y salpica. Descuidadamente "corrige" escribiendo nuevas letras sobre las antiguas, tachándolas, escribiendo una vez más grande, otra vez más pequeño. Pero la forma no es el peor aspecto de su escritura. Incluso al copiar letra por letra, comete numerosos errores. En la dictación, apenas se entiende qué palabra se supone que debe significar. Omite, inserta o reordena letras. Algunas formas de letra están tan distorsionadas que no se pueden reconocer. Teniendo en cuenta estos desempeños, es difícil comprender cómo el niño pudo pasar al segundo grado después del primer año de escuela. La razón probablemente radica en el hecho de que él hace preguntas incesantemente, se interrumpe con otros temas y ofrece sugerencias. Todo esto puede parecer bastante impresionante y enmascarar superficialmente su fracaso. Se puede imaginar que un maestro, especialmente en el primer grado donde aún no conocen bien a sus estudiantes, podría haber pensado que el niño era inteligente basándose en sus palabras. Pueden haber atribuido sus malos resultados a la falta de atención y esperaban una mejora. Durante el examen, ya se hizo evidente que las dificultades de ortografía del niño se debían principalmente a su incapacidad para descomponer palabras individuales en letras y comprender su estructura a partir de elementos individuales. Por lo tanto, se intentó enseñarle utilizando el método de palabra completa o global, abandonando la ortografía y enseñándole en su lugar a leer y escribir la palabra como un todo. Esto, también, fue muy difícil y tedioso. Las dificultades específicas con la escritura se vieron agravadas por las dificultades generales de enseñanza, originadas en su trastorno de contacto. No entraremos en más detalles. Sin embargo, se hizo evidente que el niño estaba progresando un poco más. Por supuesto, el compromiso personal del maestro fue particularmente importante, ya que necesitaba instrucción individual. En un grupo más grande, no habría podido concentrarse en su trabajo. Sin embargo, incluso en ese momento, quedó claro que el niño no podía recibir un apoyo adecuado en una escuela regular. Su traslado a una escuela especial era inevitable. La madre consideró esto como una degradación seria para su hijo y decidió darle otra oportunidad a la escuela primaria regular. Hoy, dos años después, asiste al tercer grado de una escuela especial y está lejos de ser uno de los mejores estudiantes. En cualquier caso, tiene más dificultades en la escuela que los tipos que conforman la mayoría de los estudiantes de escuelas especiales, aquellos niños primitivos que carecen de habilidades de abstracción pero pueden mecanizarse y ser prácticos en la vida. Si, en el caso de este niño, todavía se puede cuestionar si es particularmente inteligente o tiene discapacidad mental, hay muchos niños claramente discapacitados mentalmente que también muestran las características típicas del autismo: trastorno de contacto con expresiones características en su mirada, voz, expresiones faciales, gestos y actividad motora; dificultades con la disciplina, travesuras, pedantería y estereotipos; el automatismo de toda la personalidad; y la falta de mecanización con desempeños espontáneos relativamente mejores. Sí, en el caso de los discapacitados mentales, las anomalías descritas son generalmente aún más pronunciadas, ya que carecen de las funciones normales de la personalidad como contrapeso. Aquellos que han encontrado muchos casos así, y no son en absoluto raros cuando se tiene una muestra ambulatoria más grande, se sorprenderán por las asombrosas similitudes con los trastornos de personalidad que sin duda se originan en trastornos cerebrales, ya sea por trauma al nacer o por condiciones postencefálicas (ambas imágenes clínicas dejan detrás las mismas perturbaciones anatómicas, patológicas y funcionales). En particular, los estereotipos, que son tan característicos, son comunes tanto en autistas como en personas con discapacidades mentales con trastornos cerebrales: saltar y moverse inquietos, girar y hacer girar otras cosas (a menudo con asombrosa habilidad), balanceo rítmico, por ejemplo, con el cuerpo superior. Luego están, como se mencionó aquí, las travesuras instintivas, que a menudo parecen sofisticadas incluso en imbecilidades de bajo grado (y generalmente son citadas por los padres como prueba de la inteligencia de sus hijos) porque estos niños perciben tan bien lo más desagradable de la situación actual (la tubería de agua es particularmente popular; se puede hacer tanto con ella, pero también lanzar cosas por la ventana, incluso si está abierta solo por un momento). También es característica la agresión instintiva contra el entorno, con pellizcos, mordiscos y arañazos. Las personas con trastornos cerebrales son especialmente conocidas por su saliva "controlada" debido a la hipersecreción que a menudo está presente, ¡lo que les proporciona suficiente "material" para trabajar! El trastorno de contacto, con sus manifestaciones características descritas anteriormente en pacientes autistas, también se encuentra en muchos pacientes postencefálicos de manera muy similar. A menudo no es fácil diferenciar si esto es algo presente desde el nacimiento ("psicopatía autista") o un estado secundario resultante de daño cerebral adquirido. Lo siguiente es esencial: el historial médico (historia de nacimiento, enfermedad con fiebre alta acompañada de somnolencia, adormecimiento, vómitos o incluso convulsiones en algún momento) y, sobre todo, los síntomas neurológicos (signos de parálisis espástica, a veces solo sugerentes, disartria, tartamudeo, síntomas de los músculos oculares, aumento de la salivación, que prácticamente nunca está ausente en pacientes con trastornos cerebrales, mayor brillo en los ojos, que, además de otras causas difíciles de comprender, forma la base de la "mirada encefálica", y sudoración excesiva). Finalmente, los trastornos endocrinos, especialmente la obesidad (la opinión está ganando terreno, especialmente a través de la investigación de O. Gagel, de que los trastornos endocrinos a menudo tienen su causa en trastornos cerebrales primarios, especialmente en trastornos de la hipófisis). A veces, los trastornos endocrinos también incluyen trastornos tróficos (especialmente una hiperextensibilidad articular notable, especialmente en las articulaciones de los dedos, una protrusión peculiar en la cara media, los procesos alveolares se vuelven grandes y gruesos, las encías se vuelven hipertrofiadas). Esto es particularmente llamativo cuando se observa cómo los niños que han sufrido encefalitis, que alguna vez fueron tan hermosos como duendes, ahora, 3, 4, 5 años después de la enfermedad, tienen caras completamente deformadas. Como ejemplo, se describirá brevemente otro caso.

6/ HELLMUTH L.

El niño es el cuarto hijo de sus padres, quienes son bastante reservados. Nació 7 años después de su tercer hijo, cuando la madre ya tenía 41 años. Al nacer, sufrió una grave asfixia y requirió resucitación prolongada. Poco después del nacimiento, tuvo convulsiones durante varios días, que se repitieron dos veces pero no han vuelto a ocurrir desde entonces. Su desarrollo fue retrasado y comenzó a caminar y hablar al final del segundo año. Sin embargo, aprendió rápidamente a hablar, ya hablando "como un adulto" incluso cuando era muy joven.

Siempre ha estado grotescamente sobrepeso. A pesar de una estricta dieta supervisada por un médico, y tampoco tiene mucho apetito, constantemente gana peso rápidamente. Cuando lo conocimos por primera vez hace seis años, cuando tenía 11 años, tenía pechos grasos pronunciados y caderas especialmente prominentes. Esta condición ha persistido hasta hoy (lo vimos recientemente). También tiene criptorquidia bilateral (¡desde hace un año se masturba mucho!). Desde la infancia, el niño ha sido tratado con preparaciones hormonales, especialmente preparaciones tiroideas e hipofisarias, pero no ha habido cambios en su obesidad o criptorquidia. Sus articulaciones son particularmente hiperextensibles. Al estrecharle la mano, se siente como si no tuviera huesos en absoluto, como si su mano estuviera hecha de goma. Tiene genu valgo (rodillas hacia adentro) y pies planos. No tiene salivación marcada, pero su salivación está significativamente aumentada, se pueden escuchar burbujas de saliva estallando en su boca cuando habla.

Su apariencia es grotesca. Sobre su cuerpo masivo, hay un cráneo muy pequeño (casi microcefalia) con ojos pequeños y oblicuos. Su mirada está perdida y ausente, pero a veces parpadea traviesamente. Como se esperaba por su apariencia, es inusualmente torpe. Se para en el grupo de juegos como un gigante inamovible. No puede atrapar una pelota cuando se le lanza, incluso cuando se le hace fácil. Sus movimientos al hacerlo y cuando intenta lanzar la pelota él mismo parecen inmensamente cómicos. La dignidad estoica que asume al hacer esto es particularmente ridícula. Se informa que desde una edad temprana, fue muy torpe en todas las actividades prácticas, y ha seguido siendo así hasta el día de hoy.

Cuando uno escucha al niño hablar, se sorprende por la inteligencia con la que se expresa. Incluso al hablar, mantiene su dignidad inquebrantable, hablando lentamente, casi en un tono cantarín, lleno de perspicacia y superioridad. A menudo usa palabras inusuales, a veces del lenguaje poético, y a veces en combinaciones inusuales (es cierto que, según su madre, le interesa mucho la poesía). Obviamente no tiene idea de cómo no encaja en absoluto en este mundo; de lo contrario, no se desempeñaría tan fácilmente, especialmente frente a otros niños. No es sorprendente que siempre haya sido el blanco de las burlas más crudas de otros niños, que lo perseguían en la calle y se burlaban de él. Esto fue principalmente porque se alteraba con tanta facilidad, enojándose inmediatamente en una furiosa ira pero, por supuesto, sin poder hacer nada contra los pequeños bribones, pareciendo aún más ridículo en su impotente enfado. Esta es la razón por la que su madre le permitió estudiar solo durante los últimos años de la escuela. Al final, llegó a quinto grado de primaria.

Su conocimiento académico es muy desigual. Tiene una excelente ortografía, nunca comete errores y tiene un estilo de escritura bastante bueno. Sin embargo, sus habilidades aritméticas son muy débiles, no solo en términos de mecanización sino especialmente en tareas orales donde generalmente falla.

Sin embargo, solo se ve verdaderamente lo inadecuado y cuánto sabe poco sobre la vida real al cuestionarlo sobre asuntos prácticos completamente ordinarios. En estas situaciones, falla flagrantemente, dando respuestas completamente insignificantes, pero a menudo de manera excesivamente pomposa. Su madre tiene razón cuando dice que solo flota en las regiones superiores. Pero esto no le impide hacer todo tipo de cosas desagradables a otros miembros de la familia y también a niños (especialmente cuando era más joven, disfrutaba destruyendo u ocultando cosas).

Se informa que desde muy joven fue particularmente pedante, haciendo un gran escándalo si algo no estaba colocado o posicionado como él estaba acostumbrado. Tenía sus propios rituales en todo lo que hacía. Prestaba especial atención a su ropa, no tolerando ni una mota de polvo en ellas. Se lavaba las manos muy a menudo y vigilaba de cerca su cuerpo y sus funciones. Tiranizaba a quienes lo rodeaban con su pedantería y siempre ha sido extremadamente difícil de acercarse desde un punto de vista educativo.

Gran parte de esta descripción nos recuerda a los casos descritos anteriormente: el joven es un "autómata autista", impráctico e instintivo, con conexiones muy limitadas con las demandas del mundo y sin relaciones genuinas con las personas, lleno de pedantería y travesuras.

Además, existen indicios claros de que el trastorno de personalidad presente aquí probablemente se originó a partir de una posible perturbación cerebral traumática al nacer. La historia médica (asfixia perinatal, convulsiones), trastorno endocrino, hipersalivación como síntoma vegetativo y perturbación apráctica, que probablemente es una expresión de una perturbación neurológica en tal grado, respaldan esta conclusión.

Por ahora, anotemos que existen casos en los que las perturbaciones cerebrales pueden producir un cuadro bastante similar, en muchos puntos esenciales, a lo que se presenta como "psicopatía autista", lo que significa un trastorno constitucional que ya existe en formas similares en progreso.

7/ LA IMAGEN DE LOS PSICÓPATAS AUTISTAS

En lugar de describir los casos individuales con más detalle, intentaremos resaltar lo que estos niños tienen en común, lo que es típico. Se están discutiendo las características que hemos recopilado de todos los niños autistas. No todos ellos exhiben todas las características; no se puede esperar tal cosa en ningún enfoque tipológico. Sin embargo, para aquellos familiarizados con estos niños, siempre es sorprendente ver cuán numerosos son estos rasgos, cuántos detalles aparentemente sutiles se alinean, cuán uniforme es el tipo. Al mismo tiempo, existen diferencias individuales significativas dentro del tipo.

Consideraríamos que nuestra perspectiva es defectuosa si estas diferencias desaparecieran y la personalidad única pasara a un segundo plano en comparación con el tipo. No solo es el grado de interacción social deteriorada, el talento intelectual y el carácter, sino también muchos rasgos individuales, patrones de reacción específicos y intereses especiales (que son particularmente independientes y distintos dentro de este "círculo de individuos") los que distinguen a las personalidades individuales unas de otras.

Otra característica esencial que demuestra la uniformidad de este tipo es su constancia. A partir del segundo año de vida, sus rasgos son innegables y persisten a lo largo de la vida. Si bien las habilidades intelectuales y de carácter se desarrollan, los rasgos individuales pueden progresar o retroceder, y las dificultades pueden manifestarse de manera diferente. Pero el núcleo permanece inalterado. Las dificultades que experimenta un bebé al aprender habilidades prácticas de la vida cotidiana y adaptarse a la sociedad provienen de la misma alteración que causa dificultades de aprendizaje y de comportamiento en un escolar, desafíos vocacionales y logros particulares en un adolescente, y conflictos matrimoniales y sociales en la edad adulta. Por lo tanto, además de la uniformidad de la imagen, es la constancia lo que hace que esta condición sea tan típica. Una vez que reconoces este tipo de persona, estos niños se revelan rápidamente, a partir de pequeños detalles, como la forma en que entran en la sala de ambulancia durante su primera presentación o cómo se comportan en los momentos iniciales y sus primeras palabras habladas.

Al igual que con los casos individuales, primero describiremos las manifestaciones físicas y expresivas.

7.1/ Manifestaciones físicas y expresivas

Estos niños pierden rápidamente su rostro de bebé, el rostro grueso, suave e indiferenciado de un bebé. Desarrollan rasgos definidos y elaborados que a menudo poseen una delicadeza principesca, aunque algo degenerada o incluso aristocrática. Las cejas fruncidas a menudo revelan un rasgo melancólico.

Nunca faltan peculiaridades características en su apariencia. Los poetas no son los únicos que saben que el alma de una persona reside en su mirada. Desde el tercer mes de vida, cuando un niño es capaz de "mirar", mucho antes de que posea expresión lingüística, una parte significativa de sus interacciones con el entorno ocurre a través de su mirada. ¿Cómo absorbe el mundo un niño pequeño con sus ojos, cómo comprende las cosas, cómo expresa sus sentimientos con ellos, con incluso más naturalidad que un adulto que ha aprendido a distanciarse y ocultarse? Con nuestros hijos, es fundamentalmente diferente de lo que se describe aquí.

Es raro que su mirada se fije en algo o alguien en particular, lo que indica la viveza de la atención y el contacto vivo. Nunca está del todo claro si su mirada está dirigida hacia la distancia o hacia su interior, al igual que es incierto qué ocupa a los niños en un momento dado, qué está sucediendo realmente dentro de ellos. La perturbación es particularmente evidente al interactuar con los demás. No es la mirada recíproca la que crea la unidad del contacto conversacional. Cuando hablamos con alguien, "respondemos" no solo con palabras, que simplemente transmitirían contenido abstracto, sino quizás aún más con la mirada, el tono de voz (que se discutirá en breve), la expresión facial y los gestos. Por lo tanto, una parte importante de estas relaciones ocurre a través de la mirada. Sin embargo, los niños autistas con interacción social deteriorada no muestran interés en este aspecto. Como resultado, generalmente no miran directamente a la persona que les habla; su mirada pasa de largo o a lo sumo roza ocasionalmente. Es característico que estos niños no tienen una mirada firme y cautivadora, sino que parecen percibir más a través de su visión periférica. Aun así, como se ha observado en muchas ocasiones, todavía perciben y procesan una parte significativa del mundo, aunque a veces su mirada se vuelve indicativa de una fuerte expresión cuando tienen la intención de hacer algo travieso: sus ojos parpadean y ya han logrado algo.

Dado lo dicho, no es sorprendente que los niños autistas

también sean pobres en expresiones faciales y gestos. Dado que no reflejan a la persona con la que están en contacto, no confían en las expresiones faciales para establecer contacto. A veces, pueden tener una expresión tensa y melancólica. Sin embargo, en la conversación, sus caras suelen estar relajadas y vacías, el contrapunto a su mirada perdida. También carecen de gestos, es decir, movimientos expresivos que no ocurren en la cara, aunque a menudo exhiben muchos movimientos, pero son movimientos estereotipados sin valor expresivo.

Después de la mirada, el vehículo más importante de expresión es el habla. En el caso anterior, ya hemos explicado que en las relaciones interpersonales, la función del lenguaje, es decir, su capacidad para transmitir fenómenos expresivos, es al menos tan importante como su función de comunicar contenido factual. Todas las emociones se expresan principalmente de esta manera. La forma en que las personas se posicionan en relación entre sí, ya sea en superioridad o subordinación, simpatía o antipatía, se transmite indudablemente a través del tono de sus palabras, incluso si el contenido puede ser engañoso. La verdadera esencia de una persona, su "mineral resonante" y su "campana que suena", se expresa de manera inequívoca a través de este aspecto del lenguaje. Al escuchar a los demás, las personas se revelan a través de su habla. Aprendemos sobre mentiras y verdades, sobre el ser esencial, principalmente a través de estas expresiones.

Las posibilidades en este aspecto del habla son tan diversas como los caracteres humanos en general. Por lo tanto, no podemos enumerar adecuadamente, ni siquiera en cierta medida, todo lo que se puede revelar sobre la personalidad del hablante a través de la melodía del habla, el volumen, el tono, la velocidad del habla y las pausas. Ya no podemos hacerlo porque gran parte de esta información no se comprende intelectualmente, sino que se percibe como una impresión emocional.

Una vez más, no es sorprendente descubrir que en individuos con interacción social deteriorada, también están alteradas las expresiones que crean contacto. En el caso de los individuos autistas, si prestamos atención, su habla siempre parece anormal, por lo que su reconocimiento es particularmente importante para el diagnóstico. Hay considerables variaciones en diferentes casos: a veces, la voz es sorprendentemente tranquila y distante, refinada y nasal, mientras que en otras ocasiones se vuelve aguda, fuerte, incluso dolorosamente; puede tener un carácter monótono, sin elevarse ni caer, ni siquiera al final de una oración o pensamiento, pareciéndose a una canción tirolesa; o puede estar excesivamente modulada, pareciendo una mala declamación, pronunciada con un patetismo exagerado. Las posibilidades son numerosas, pero lo que es común a todos los casos es que el lenguaje parece antinatural, incluso para el oyente ingenuo, como una caricatura, un desafío a la burla. Y hay algo más: no se dirige a una persona, sino que, por así decirlo, se habla al vacío. Así como la mirada generalmente no se encuentra ni retiene al interlocutor, sino que los supera.

En un sentido más amplio, la elección de las palabras también es parte de los fenómenos de expresión. Los elementos esenciales sobre este tema deberían quedar claros en la siguiente sección.

7.2/ "Inteligencia autista"

Los logros de un niño surgen de una tensión entre dos polos: la producción espontánea e independiente, y la imitación de algo demostrado, aprendiendo conocimientos y habilidades que los adultos ya poseen. Ambos deben coincidir en una medida apropiada para que el desempeño sea válido. Si no hay producción independiente o al menos no hay procesamiento independiente de lo imitado, el desempeño se vuelve vacío, superficialmente mecanizado y "gestual". Encontramos la perturbación opuesta en la inteligencia autista. Estos niños solo pueden producir de manera espontánea, solo pueden ser originales, solo pueden aprender en cierta medida, solo pueden mecanizarse con dificultad y no son aptos en absoluto para adquirir conocimientos adultos, por ejemplo, de un maestro. Las habilidades y dificultades particulares de estos individuos se originan a partir de esto, así como en general, en cada persona, sus cualidades y defectos son inseparables.

Esto se hace especialmente claro en las producciones lingüísticas de los niños autistas. Especialmente aquellos que tienen un talento intelectual tienen una relación particularmente creativa con el lenguaje. Son capaces de expresar su experiencia original, sus observaciones originales, de una forma lingüísticamente única. Esto puede ser a través de palabras inusuales, que se asumen que están bastante alejadas de la vida cotidiana del niño, o a través de expresiones recién formadas o transformadas que a menudo son particularmente precisas y significativas, aunque a veces, hay que reconocerlo, bastante absurdas. Vale la pena señalar que los niños pequeños a menudo tienen una relación libre con el lenguaje y crean nuevas palabras sin preocuparse, que en general son muy precisas; esto es precisamente lo que hace que el habla de un niño pequeño sea tan atractiva. Sin embargo, más allá de la edad preescolar, estas expresiones formadas libremente, basadas en nuestra experiencia, se encuentran principalmente en niños autistas.

Aquí hay algunos ejemplos: un niño de 6-7 años aclara la diferencia entre escaleras y una escalera: "la escalera es puntiaguda y las escaleras son todas retorcidas". Un niño autista de 11 años tenía un amplio repertorio de producciones lingüísticas originales: "no puedo hacerlo oralmente, pero puedo hacerlo mentalmente" (significando que entiende algo pero no puede expresarlo verbalmente); "mi sueño hoy fue largo pero delgado" (también un ejemplo de autoexamen autista); "Para un ojo artificial, esas imágenes pueden ser hermosas, pero a mí no me gustan"; "No me gusta un sol deslumbrante, pero tampoco me gusta la oscuridad, prefiero una sombra moteada como esta"; (cuando se le preguntó si era religioso): "No quiero decir que soy impío, pero no tengo pruebas de la existencia de Dios".

Detrás de la originalidad de la formulación lingüística se encuentra la originalidad de la experiencia. Los niños autistas tienen la capacidad de ver las cosas y los procesos en su entorno desde una nueva perspectiva. Estas perspectivas a menudo son notablemente maduras y los problemas que plantean van mucho más allá del contenido del pensamiento en otros niños de la misma edad. Un buen ejemplo de lo dicho es la descripción del segundo caso (Harro

L.). En general, es un campo especial y estrechamente circunscrito que casi es hipertrófico en su desarrollo.

Hay uno que es un "científico natural" que se dedica a cuestiones puramente científicas. Hacen observaciones con un ojo inusual para lo esencial, las organizan en una cosmovisión y desarrollan teorías que a veces son un tanto oscuras. Independientemente de lo que hayan escuchado o leído, siempre se refieren a sus propias experiencias. Otro se dedica a la química y gasta todo su dinero, e incluso roba, para experimentos que a menudo horrorizan a quienes lo rodean. Algunos se especializan aún más en experimentos que se agrietan y huelen mal. Otro niño autista se interesó en los venenos, tenía un conocimiento inusual sobre ellos y tenía una colección de venenos parcialmente preparados de forma ingenua. ¡Vino a nosotros porque había robado una cantidad mayor de cianuro de la caja de venenos de su escuela!

Otro se enfoca en el ámbito de los números. Sin instrucción, sin lecciones escolares, las operaciones aritméticas difíciles le resultan familiares como si fueran obvias. Consideremos el primer caso descrito (Fritz V.), que también demuestra el fracaso del individuo autista. Es posible que un niño así, que sortea obstáculos resolviendo problemas aritméticos difíciles, tenga las mayores dificultades para adquirir métodos de aprendizaje enseñados externamente en la escuela. Otro niño está principalmente interesado en la tecnología, tiene un increíble conocimiento de la construcción de máquinas complicadas; a través de preguntas detalladas que no se pueden evitar y especialmente a través de sus propias observaciones, ha adquirido este conocimiento. Se dedica a invenciones fantásticas como naves espaciales y otras; está claro cuán a menudo los intereses de los individuos autistas están alejados de la realidad.

Otra característica "distintiva" de algunos niños autistas es una madurez en su comprensión del arte que de otra manera no sería observable. El niño "típico" no sabe qué hacer con el gran arte, prefiere pinturas suaves, coloridas con mucho rosa, rojo y celeste, a menudo cursis (las pinturas infantiles estrictamente estilizadas que eran "modernas" hace 15-20 años son tan no infantiles como sea posible; ahora han mejorado). Sin embargo, los niños autistas a menudo nos sorprenden con un sentido altamente diferenciado del estilo. Ciertamente pueden distinguir entre arte y cursilería y entender el significado de obras de arte muy "difíciles" que muchos adultos desconocen, como las esculturas románicas o las pinturas de Rembrandt. Juzgan con precisión no solo los procesos representados en una imagen, sino también lo que hay detrás de ellos, los personajes representados y el estado de ánimo expresado. Se debe considerar que muchos adultos nunca alcanzan la madurez y la conciencia personal que tal conocimiento implica.

Esta comprensión del arte está vinculada a una capacidad que a menudo se encuentra en niños autistas: una percepción única de sí mismos y un agudo juicio de los demás. Mientras que el niño "típico" vive día a día, apenas consciente de sí mismo mientras es parte del mundo que reacciona apropiadamente, estos niños piensan en sí mismos, se observan a sí mismos, se convierten en su propio problema y dirigen su atención a las funciones de sus cuerpos. Por ejemplo, un niño de 9 años, gravemente autista como la mayoría de estos niños, que experimenta una gran nostalgia en los primeros días, describe cómo se calma por la noche cuando se acuesta en la cama, el momento en que la nostalgia es más fuerte: "Cuando apoyas la cabeza en la almohada, entra en tu oído, y tienes que quedarte quieto durante mucho tiempo, y se siente bien". El mismo niño también describe una condición de micropsia que experimenta a veces: "En la escuela, a veces veo que el profesor tiene una cabeza tan pequeña, no sé qué es; es tan desagradable para mí verlo así, así que entrecierro los ojos (muestra cómo entrecierra los ojos), entonces mejora".

Estas peculiaridades nos llevan a una observación intermedia que realmente no encaja en esta etapa. Como siempre, cuando se llama la atención sobre el maravilloso automatismo de la vida vegetativa, que funciona inconscientemente y serenamente, se observan perturbaciones de estas funciones. Hamburger señaló acertadamente que los educadores no deberían llamar la atención de un niño sobre comer, dormir, defecar y orinar porque es probable que ocurran perturbaciones de estos automatismos. En los niños autistas, por otro lado, las funciones de sus propios cuerpos se les traen automáticamente a su atención sin que el educador haga nada, se registran y se toman en serio, y también a menudo están perturbadas en muchos casos. Las dificultades para comer y dormir son particularmente comunes y a menudo llevan a conflictos graves dentro de la familia.

De la misma manera que estos niños se observan a sí mismos, a menudo tienen un juicio sorprendentemente preciso y maduro de las personas que los rodean. Tienen un sentido agudo de a quién les gusta y a quién no, incluso si se comportan de manera diferente a ellos. Tienen un sentido particularmente agudo de la anormalidad de otros niños, de hecho, tan anormal como pueden ser ellos mismos, son positivamente hipersensibles a ello.

Aquí hay una aparente contradicción que debe resolverse, pero que solo nos llevará a un punto importante. Queremos mostrar que la anomalía primaria de los individuos autistas es una perturbación en las relaciones vivas con el entorno, una perturbación que explica todas las anomalías. Pero, ¿cómo puede ser compatible una perturbación en el contacto con esta percepción particular que surge de los rasgos que acabamos de describir? ¿Cómo puede una persona cuyas relaciones están perturbadas ser conscientemente consciente de tantas cosas?

Esta contradicción es solo aparente. El niño "típico", especialmente los más pequeños que se desenvuelven bien en la situación ambiental, reacciona apropiadamente a ella y evoluciona con ella debido a sus instintos saludables, pero generalmente no llega a un juicio consciente. Para eso, es necesaria una distancia de las cosas concretas. La distancia del objeto individual es un requisito previo para la abstracción, la conciencia y la formación de conceptos. La distancia personal aumentada, o incluso la perturbación de las reacciones instintivas y emocionales que caracteriza a los individuos autistas, es, en cierto sentido, un requisito previo para su buen entendimiento conceptual del mundo. Nos referimos a esto como "perspicacia psicopática" en estos niños porque solo ocurre en ellos. En los casos más favorables, esta capacidad, que aún existe, proporciona la condición previa para una actitud profesional condicionada por los logros especiales de estos individuos donde otros han fracasado.

La capacidad de abstracción es, después de todo, un requisito previo para el éxito científico. De hecho, hay muchos individuos autistas entre científicos importantes. La impotencia en la vida práctica que resulta de una perturbación en el contacto, que caracteriza al "profesor" y lo convierte en una broma inmortal, es una prueba de esto.

Desafortunadamente, en no todos los casos, ni siquiera en la mayoría de los casos, prevalecen los aspectos positivos y futuros de los rasgos autistas. Ya hemos mencionado que hay individuos autistas con niveles de personalidad muy diferentes, que van desde una originalidad cercana al genio hasta excéntricos distantes e improductivos, hasta imbéciles gravemente perturbados en el contacto y parecidos a autómatas. El tercer caso que describimos, Ernst K., da una idea del grupo mediano. Otro ejemplo es la respuesta de un niño de 8-9 años cuando se le pregunta sobre la diferencia entre la madera y el vidrio: "La madera crece y tiene piel sucia, atrae la suciedad del suelo que se pega al árbol y no se va. Así es como la tierra se pega al árbol; si dejas caer el vidrio, se rompe, incluso si está soldado porque la adhesión que está soldada se desprende, se afloja y se rompe", una teoría ricamente absurda que es más aberrante que original.

A partir de ahí, la serie pasa suavemente a esos imbéciles con hábitos estereotipados que se asemejan a autómatas, con intereses excéntricos que no sirven para nada en la vida. Estos incluyen a las "personas del calendario" que conocen el nombre de los días para cada día del año, niños que memorizan todas las líneas de tranvía en Viena, su origen y destino, incluso antes de comenzar la escuela (especial), o niños con otras capacidades para la memoria automatizada.

Hasta ahora, hemos examinado la inteligencia de los niños autistas desde la perspectiva de la producción espontánea y sus propios intereses. Ahora centraremos nuestra atención en el aprendizaje, en la escuela. Aquellos que solo ceden a sus impulsos espontáneos y no son muy abiertos a las demandas del entorno pueden ser originales, pero no pueden aprender. Esto es cierto en casi todos estos casos. Estos niños, que a veces sorprenden a los maestros con sus respuestas notablemente maduras, fallan de manera bastante evidente en el aprendizaje de asignaturas, especialmente en los requisitos de aprendizaje mecanizables que son fáciles incluso para los menos inteligentes o muchos estudiantes en escuelas especiales, específicamente lectura, ortografía y aritmética (¡tablas de multiplicar!). A veces se desempeñan bien en asignaturas que se alinean con sus áreas de interés particular. Por ejemplo, algunos de estos niños aprenden a leer particularmente fácilmente porque devoran todo lo que se puede leer a una edad anormalmente temprana, alrededor de los 6 o 7 años (normalmente, la manía por la lectura comienza alrededor de los diez años). Los prodigios de la aritmética generalmente pueden sobresalir en aritmética escolar. Sin embargo, todavía hay contrastes bastante característicos: la compulsión a seguir su propio camino en todas las circunstancias, a usar sus propios métodos inventados, impide que el niño adquiera los métodos aritméticos presentados en la escuela. Se lo hacen difícil y complicado y eventualmente cometen errores y llegan a resultados incorrectos.

En el primer caso (Fritz V.) y en el segundo caso descrito en detalle (Harro L.), ya hemos dado ejemplos de este hecho. Otro ejemplo es un niño autista que comienza la escuela y se centra en la tarea y la resuelve por sí mismo. Por ejemplo, cuando se le pregunta cuántos segundos hay en 2 horas, comienza a calcular 5 y 6: "Sí, no me gustan los cálculos pequeños en absoluto; prefiero tener 1000 x 1000". Cuando, después de producir sus habilidades aritméticas "espontáneas" durante un tiempo, se les presiona para finalmente resolver la tarea dada, presentan el siguiente método original pero bastante torpe: "Mira, calculo así: 6 y 6 hacen 12, y 5 y 6 son 1 menos, es decir, 11". Sin embargo, estos métodos complicados no siempre conducen al resultado correcto, no solo porque se dificultan la tarea a sí mismos, sino también porque demuestran algo que dificulta mucho el desempeño de muchos niños autistas: son particularmente distraíbles, se distraen desde dentro.

Esta dificultad con la atención activa se encuentra casi regularmente en niños de este tipo. No se trata solo de problemas de concentración comunes en muchos niños neurópatas que son distraídos de su objetivo de trabajo por estímulos externos, cada movimiento y agitación a su alrededor. Estos niños no están inclinados en absoluto a dirigir su atención, su enfoque en el trabajo, hacia lo que el mundo externo, en este caso la escuela, les exige. Siguen sus propios problemas, que suelen estar tan alejados de lo ordinario que no permiten que sus burbujas sean perturbadas y generalmente no permiten que otros echen un vistazo al interior. Como en sus otras dificultades de conducta, son particularmente difíciles de influir desde el exterior en este aspecto.

Por lo tanto, no es sorprendente que la mayoría de los niños autistas tengan dificultades significativas de aprendizaje. A veces, los maestros de los más inteligentes entre ellos pasan por alto sus peores actuaciones en los requisitos de aprendizaje mecanizable debido a sus otros logros y respuestas extraordinariamente inteligentes. Sin embargo, la mayoría de las veces, los maestros se ven perturbados por las dificultades angustiantes que ambas partes tienen que atravesar debido a esta perturbación en su método de trabajo. En muchos casos, también hay conflictos característicos entre maestros y padres. Los padres, que generalmente tienden a juzgar a sus hijos demasiado favorablemente, evalúan al niño en función de sus expresiones espontáneas de inteligencia, sus ideas originales y los consideran particularmente inteligentes. El maestro, por otro lado, ve el fracaso en lo que se puede aprender y les pone malas calificaciones; esto crea un conflicto en el que ambas partes tienen algo de razón.

En esta etapa, también se debe destacar otra observación sobre nuestro método de evaluación de la inteligencia. La mayoría de los métodos, incluidos los de Binet y sus modificaciones que se han utilizado más comúnmente, deliberadamente se abstienen de evaluar los conocimientos escolares, ya que dependen en gran medida de factores exógenos. Los tests excluyen tareas donde el aprendizaje y el entorno juegan un papel (lo cual, estrictamente hablando, obviamente es imposible).

Sin embargo, al igual que con otros tipos de niños, incluidos los niños autistas, a menudo surge una idea errónea de sus habilidades después de la prueba de Binet. Los tests de Binet, que, especialmente en los grupos de edad superiores, se basan en el pensamiento lógico-abstracto, a menudo son particularmente adecuados para estos niños, lo que resulta en un alto "cociente intelectual". Sin embargo, el fracaso de estos niños solo se hace evidente y claro cuando se les imponen los requisitos de aprendizaje, cuando la perturbación en su modo de aprendizaje, que acabo de describir, se experimenta durante el propio examen.

Por eso hemos incluido en nuestro método de examen pruebas de aprendizaje, que no sólo muestran los conocimientos escolares de los niños, sino que también proporcionan información sobre sus métodos de trabajo, como la atención, la concentración, la capacidad de distracción y la perseverancia. Es evidente que a la hora de evaluar los resultados hay que tener en cuenta la influencia de factores exógenos, como la posibilidad de negligencia, algo que sin duda requiere una gran experiencia. Sin embargo, debería hacerse lo mismo con el test de Binet si se quiere que sus resultados sean realmente utilizables (por poner sólo un ejemplo, las habilidades lingüísticas de los niños socialmente privilegiados pueden simular a menudo resultados falsamente altos en el test)..

7.3/ Comportamiento dentro de la comunidad

Queremos demostrar que el trastorno fundamental en los individuos autistas es una limitación en sus relaciones con el entorno, y que la personalidad de estos niños debe entenderse desde esta perspectiva, ya que se "organiza" desde allí. Hasta ahora, hemos examinado a los niños de forma individual, mostrando cómo el trastorno los afecta en sus expresiones e inteligencia. Pero la esencia de estos niños psicopáticos debe revelarse de manera más directa si examinamos su comportamiento hacia otras personas.

De hecho, son más claramente discernibles por su comportamiento dentro de la comunidad y los graves conflictos que surgen con ellos desde temprana edad. Estos conflictos son particularmente significativos dentro de la comunidad más cercana en la que nace la persona, la familia. Existe un paralelismo en el hecho de que incluso entre esquizofrénicos, la experiencia muestra que los conflictos dentro de su propia familia son siempre los más graves. La razón de esto es clara: la comunidad familiar se basa principalmente en el vínculo emocional entre los miembros de la familia.

La influencia en aquellos que se crían dentro de la familia ocurre principalmente a través de las emociones, a través de la interacción de los sentimientos de los padres y los hijos. Tanto los esquizofrénicos emocionalmente empobrecidos como los autistas emocionalmente limitados no saben qué hacer con estos sentimientos y los enfrentan sin comprenderlos, e incluso con resistencia. Sin embargo, son los padres quienes sienten más intensamente el comportamiento insensible de sus hijos y están particularmente infelices al respecto.

Los "actos de malicia autista" de estos niños ocurren principalmente dentro de la familia. Se caracterizan por su particular refinamiento: con una certeza inquebrantable, los niños encuentran lo más desagradable, lo más hiriente en una situación dada, y se ponen a trabajar con precisión y deliberación. Estos niños insensibles tampoco son conscientes de cuánto lastiman a los demás, por ejemplo, lastimando físicamente a hermanos menores o lastimando emocionalmente a adultos. A veces, estos actos son verdaderamente sádicos (volveremos sobre esto más adelante). Sin embargo, el deseo de travesuras, casi la única ocasión que ilumina la mirada generalmente perdida de estos niños, rara vez está ausente.

Además de estos actos de malicia, existen reacciones negativistas que se han descrito y apreciado en casos individuales, especialmente en el primer caso. Además de la espontaneidad y la impulsividad de este comportamiento negativista, el origen de estas reacciones es sin duda un fracaso de estos niños, una inadecuación para satisfacer las demandas diarias de la vida práctica. Ya hemos mencionado la torpeza de los niños autistas, el hecho de que deben aprender laboriosamente, con la ayuda de la inteligencia, reglas y leyes que otros adquieren "por sí mismos" imitando inconscientemente las acciones de los adultos. Pero los padres generalmente no entienden esto. Demandan obediencia como un requisito obvio en actividades diarias como vestirse, arreglarse y comer, y es precisamente en estas situaciones donde a menudo se producen escenas y conflictos graves, y los niños reaccionan de manera negativa y maliciosa.

Si acabamos de considerar las reacciones que expresan hostilidad hacia la comunidad familiar, también es evidente el aislamiento del niño autista dentro de la familia en todos los casos, especialmente cuando conviven con hermanos, pero también cuando, como suele ser el caso, son hijos únicos en la familia. A menudo se escucha la frase "Es como si estuvieran solos en el mundo". Caminan como extraños, aparentemente despreocupados por lo que sucede a su alrededor, aunque a veces es sorprendente cuánto han absorbido y procesado a pesar de su aparente despreocupación. Los niños se sientan absortos en su juego, en sus actividades, ya sea en un rincón o en medio de hermanos y compañeros ruidosos, pero completamente como cuerpos extraños, completamente insensibles al ruido y al movimiento, completamente inaccesibles en lo que hacen; no aceptan ninguna estimulación externa y se irritan gravemente si se les interrumpe.

El juego de los niños autistas jóvenes a menudo es bastante estereotipado, a veces involucra los estereotipos de movimiento más simples, como el balanceo rítmico o horas monótonas de juego con un trozo de madera, con un juguete en particular que se trata casi como un fetiche, como un látigo, una muñeca vieja. Los niños golpean y golpean y disfrutan visiblemente del ritmo. Ordenan sus juguetes en filas, por ejemplo, organizan sus bloques de construcción en lugar de construir con ellos, según colores, formas, tamaños u otras reglas oscuras. La mayor parte del tiempo, no se puede apartar a estos niños de su juego, de sus problemas. Un niño autista de 7 años causó conflictos graves mientras comía porque no podía dejar de mirar las formas de grasa en su sopa que le interesaban tanto, empujándolas de un lado a otro o soplando sobre ellas: visiblemente, las formas cambiantes cobraban vida y significado para él.

En todo, estos niños siguen sus propios impulsos, persiguen sus propios intereses, sin importarles las demandas del entorno. Dentro de la familia, se pueden acomodar en gran medida estas peculiaridades para evitar conflictos, simplemente permitiendo que los niños sigan su propio camino. Es solo en las demandas de la vida diaria, al levantarse, vestirse, lavarse, comer, donde ocurren choques significativos. Es diferente cuando el niño llega a la escuela. Se les quita en gran medida la libertad de impulso espontáneo, interés espontáneo. Se espera que se sienten, estén atentos, reaccionen constantemente como se les indica, todas las cosas que estos niños no pueden hacer o solo pueden hacer con gran dificultad. Las oportunidades de conflictos aumentan enormemente. Mientras que los padres a menudo lidian con las peculiaridades de los niños autistas jóvenes por sí mismos, casi todos los estudiantes que comienzan la escuela acuden a centros de asesoramiento de educación especial porque no es posible tratar con ellos de la manera habitual.

En los dos primeros casos, se describieron detalladamente las dificultades escolares, por lo que podemos referirnos a ellos. Se han descrito las dificultades de aprendizaje y de comportamiento resultantes del comportamiento autista, así como el comportamiento anormal dentro de la comunidad de compañeros. Hay suficientes razones para los conflictos. El simple hecho de que estos niños sean diferentes de los demás, que todo su ser los distinga del rebaño, es motivo suficiente para que sean rechazados y atacados por sus compañeros. Además, su comportamiento, forma de hablar y especialmente su torpeza a menudo grotesca, son invitaciones al ridículo. Después de todo, los niños tienen un ojo especialmente agudo y un sentido infalible de la burla para las características llamativas de los demás.

Así es como podemos observar una y otra vez la situación característica en la que un cierto niño, durante el recreo y especialmente en el camino a la escuela, se encuentra en el centro de una horda de chicos burlones, a veces desatándose a ciegas sobre ellos, apareciendo particularmente cómico, o gritando indefenso, en cualquier caso, indefenso contra sus hábiles tormentores.

A menudo, se vuelve tan grave que solo una madre acompañante puede proteger al niño de sus crueles compañeros, y necesitan un acompañante para ir a la escuela hasta el final de la escuela primaria y, a veces, incluso más allá, al igual que necesitan ayuda o al menos consejo para vestirse. En casos favorables, estos niños logran ganar respeto, aunque siempre mezclado con burlas, a través de habilidades particulares, ya sea habilidades intelectuales o actos especialmente atrevidos.

7.4/ Vida motora y emocional de los niños autistas

Lo dicho hasta ahora debería dejar claro lo inarmónica que es la personalidad de los niños que estamos describiendo. Mientras que su intelecto a menudo está desarrollado en mayor medida que el promedio, se han encontrado perturbaciones considerables en las capas más profundas de su personalidad, en el área instintiva e impulsiva, que también se manifiestan a través de trastornos en la adaptación instintiva a las situaciones y una incapacidad para hacer frente a las demandas de la vida ordinaria. La descripción de las expresiones y otros comportamientos de estos niños ha dejado esto claro. Ahora examinemos detalladamente estas perturbaciones en las esferas instintiva y emocional. Comenzaremos con la sexualidad. El cuadro no es uniforme. En algunos casos, hay una falta completa de interés sexual durante toda la infancia e incluso más allá de la pubertad, con impulsos sexuales débiles, y una sexualidad sana y fuerte no se desarrolla más adelante en la vida. Sin embargo, en la mayoría de los casos, se descubren anomalías sexuales en una etapa temprana. En muchos casos, esto se manifiesta en forma de masturbación temprana e intensamente practicada, mantenida obstinadamente a pesar de todos los intentos de tratamiento. A menudo, falta la sensación de vergüenza y culpa que suele acompañar a tales actos; los niños se involucran en comportamientos exhibicionistas en ciertas circunstancias con la persistencia y el compromiso inquebrantable de los psicópatas autistas. También se observan con frecuencia actos homosexuales en niños relativamente jóvenes (ver caso 2).

También se informa con frecuencia de rasgos sádicos. Por ejemplo, podemos citar las palabras de un niño de 7 años que es significativamente autista: "Mamá, voy a tomar un cuchillo y apuñalarte en el corazón; la sangre brotará, será una gran sensación". "Sería genial si fuera un lobo, podría desgarrar ovejas y personas, y la sangre fluiría". Cuando su madre se cortó un dedo una vez, preguntó: "¿Por qué no fluye más sangre? La sangre debería fluir". Incluso cuando una vez se lastimó, se dice que estaba bastante encantado de que el médico que le curó la herida encontrara la condición muy llamativa. El niño también es particularmente temeroso; tiene miedo de caerse de una silla y tiene mucho miedo de los vehículos rápidos en la calle.

Tampoco es raro observar una tendencia hacia la coprolalia en estos niños, un comportamiento que contrasta bruscamente con su lenguaje por lo demás preciso.

Si, por lo tanto, en el primer aspecto de la vida instintiva que hemos considerado, la sexualidad, hay una marcada desarmonía en la mayoría de los casos, una debilidad de los instintos o una madurez prematura y aberraciones de los instintos, pero no una maduración armónicamente integrada dentro de la personalidad, encontramos el mismo comportamiento en diversos ámbitos de la vida afectiva. La hipersensibilidad y la insensibilidad descarada se oponen fuertemente entre sí.

Aquí hay algunos ejemplos. Casi regularmente encontramos gustos y disgustos altamente diferenciados en el ámbito del sentido del gusto: la frecuente ocurrencia en la misma dirección proporciona más evidencia de la unidad de nuestro tipo: a menudo hay una preferencia particular por alimentos fuertemente ácidos o picantes, como pepinos o carne asada; con frecuencia, hay una aversión incondicional a las verduras y los productos lácteos. Algo similar se puede encontrar en el ámbito del tacto; muchos de estos niños tienen aversión a ciertas sensaciones táctiles, como el terciopelo, la seda, el algodón o la tiza. No pueden tolerar la aspereza de las camisas nuevas, los calcetines forrados de piel o la sensación que ciertamente no es agradable después de cortarse las uñas, lo que causa escenas difíciles en tales ocasiones. Además, el agua durante el lavado a menudo es fuente de sensaciones desagradables y, por lo tanto, causa conflictos. Una hipersensibilidad particular de la garganta también se manifiesta en el consultorio médico, lo que hace que el uso diario del depresor lingual sea un procedimiento difícil. Estos niños a menudo son significativamente hipersensibles a los sonidos o ruidos, a veces los mismos que, en otras situaciones, son completamente insensibles y cerrados.

La impresión de discordancia y contradicción que ya hemos recopilado a partir de lo que hemos visto hasta ahora se vuelve aún más fuerte cuando pasamos de los sentimientos sensoriales a considerar sentimientos superiores, tal como se expresan en las relaciones con cosas, animales y otras personas. Tan pronto como uno comienza a tratar con estos niños, queda evidente la impresión de una falta de sensibilidad pronunciada, que debe considerarse la causa última de la perturbación en su relación con el entorno.

Esta deficiencia habla ya del aislamiento de los niños entre otras personas, incluso de su oposición al entorno, especialmente a quienes los rodean. Son pobres en ternura, lo que de otro modo hace que la vida con un niño pequeño sea tan alegre. Se dice que algunos de ellos nunca pueden ser cariñosos o "agradables" en absoluto; de hecho, se vuelven viciosos cuando alguien quiere ser amable con ellos. Su malicia y crueldad también indican claramente una pobreza de estado de ánimo.

Son extremadamente egocéntricos, persiguiendo solo sus deseos, intereses e impulsos espontáneos sin considerar comandos externos o prohibiciones. Les falta un sentido de respeto hacia la otra persona. Cuando les hablas, están a tu nivel, hablando con certeza natural. Incluso en su desobediencia, su falta de respeto no tiene igual. Sin embargo, rápidamente queda claro que no es insolencia consciente o deliberada, sino simplemente una falla en su comprensión de la otra persona.

También carecen de un sentido de la distancia personal. Así como se apoyan descuidadamente en todos, incluso en perfectos desconocidos, tocándolos como si no fueran seres humanos sino objetos, muebles, perciben a todos sin ningún sentido de extrañeza, exigiendo sus servicios, iniciando conversaciones y estableciendo el tema ellos mismos, todo esto sin tener en cuenta las diferencias de edad, la subordinación y sumisión, o los deberes de decencia y cortesía.

La relación del niño autista con los objetos también es anormal. Mientras que para un niño normal, especialmente un bebé, los objetos cobran vida literalmente porque están llenos de la vida del niño a través de sus buenas relaciones con ellos, a medida que se desarrollan a partir de ellos y recopilan sus experiencias en ellos, con estos niños psicopáticos, no se encuentra nada de eso. O bien no les importa las cosas en su entorno y no muestran interés en los juguetes, por ejemplo, o tienen una fijación anormal en objetos individuales específicos, sin perder de vista un látigo, un bloque de madera, una muñeca rudimentaria. No pueden comer ni quedarse dormidos si su "fetiche" no está con ellos y crean las escenas más serias cuando alguien intenta quitarles el objeto apasionadamente sostenido.

A menudo, la relación de estos niños con las cosas se limita a coleccionar. Aquí encontramos el mismo comportamiento que en diversas otras áreas: en lugar de una abundancia armoniosamente ordenada en la que nada se destaca en particular, encontramos defectos y espacios vacíos en los que el individuo se hipertrofia. Colectar, especialmente de la manera en que los niños autistas lo hacen, significa profanar posesiones. Acumulan ciertas cosas, pero no las usan de manera adecuada, no juegan con ellas, no las cambian ni les dan forma, sino que solo se conocen a sí mismos a través de su posesión. Por ejemplo, un niño de 6 años tiene la ambición de llegar a las 1000 cajas de fósforos, una meta que persigue con energía fanática, pero su madre nunca lo ve jugar con trenes como otros niños. Otro niño colecciona hilos, mientras que un tercero colecciona "todo" lo que encuentra en la calle o roba de algún lugar, pero no de la manera de los recogedores de trapos concienzudos, que pueden encontrar de todo en los bolsillos inescrutables de sus pantalones, incluido todo lo que necesitan para sus travesuras. El niño autista acumula cajas llenas de cosas inútiles en casa, las reorganiza una y otra vez, las guarda como un avaro y surgen conflictos graves si la madre se atreve a tirar algo.

A una edad avanzada, esta pasión por coleccionar generalmente se vuelve más interesante y "razonable" debido a la elección de objetos, su orden y procesamiento mental. Sin embargo, los verdaderos coleccionistas también, a una edad avanzada, son en su mayoría excéntricos con evidentes rasgos autistas.

A los niños autistas también les falta la actitud adecuada hacia sus propios cuerpos. La obligación de mantenerse limpios y cumplir con las muchas demandas de la higiene personal se les enseña con gran dificultad, si es que se les enseña. Incluso como adultos, la mayoría de ellos, que para entonces han abrazado profesiones intelectuales, pueden caminar sin lavarse y desaliñados hasta el final de la infancia, se comportan de manera extremadamente deficiente durante las comidas, se untan de pies a cabeza, "pintando" con la comida mientras meditan sobre sus problemas.

Otra característica de estos niños es su falta de humor. "No saben tomar una broma", especialmente cuando se les dirige a ellos (lo cual es una razón adicional por la que se les molesta tanto, porque si puedes hacerlos reír, te alejas de las burlas). No pueden relajarse y ser felices de verdad; no pueden lograr esa comprensión mental del mundo que reside en el humor genuino. Cuando están de buen humor, generalmente tiene un efecto desagradable: exagerado, distorsionado, desmedido. Saltan y se revuelcan por la habitación, volviéndose particularmente distantes, irritantes y agresivos. Solo hay un área en la que a menudo son competentes, incluso creativos: el juego de palabras, comenzando con giros y efectos de palabras resultantes de similitudes de sonido, hasta chistes muy precisos e inteligentes.

Sin embargo, el cuadro de estos niños estaría incompleto si uno solo viera y juzgara los rasgos que se acaban de describir. Se pueden hacer observaciones sobre estos niños que no permiten un juicio tan claro y negativo de su lado emocional.

Nos ha sorprendido repetidamente la fuerte nostalgia que sienten los niños cuando son admitidos en nuestra institución. Inicialmente, esto no parecía corresponder en absoluto a los demás signos de pobreza emocional que no se pueden ignorar. Mientras que los niños normales, incluso aquellos que tienen un apego emocional real y fuerte a su "hogar", se adaptan rápidamente después de un breve período de tristeza porque pronto sienten el amor y la atención que se les brinda aquí y se interesan por el nuevo entorno y una actividad que ocupa por completo su día, la nostalgia severa es la norma para los niños autistas. Durante días y días, lloran con una desesperación infinita, especialmente por las noches cuando el dolor estalla una y otra vez. Hablan de padres que los atormentaron tanto en casa y de su hogar con las palabras más tiernas, utilizando el lenguaje maduro que ya hemos conocido en estos niños, pero también con sentimientos sorprendentemente diferenciados que los niños de su edad no pueden expresar de ninguna otra manera. Dan razón tras razón por las que no pueden quedarse aquí sino que deben regresar a casa hoy, razones que nuevamente demuestran una extraña mezcla de ingenuidad y sofisticación. Escriben cartas suplicantes y desgarradoras para enviar a casa.

Todo esto lleva mucho más tiempo que la reacción nostálgica de los niños normales hasta que finalmente se adaptan y comienzan a sentirse cómodos en el entorno que brindamos, que tiene en cuenta las dificultades a las que se enfrentan estos niños. Puede ser que un apego a las cosas y hábitos del entorno familiar, que roza el comportamiento obsesivo-compulsivo, les haga experimentar la separación como demasiado difícil, y una restricción de la libertad normal de acción sea la causa de esta reacción. Sin embargo, esta severa nostalgia muestra de qué tipo de emociones son capaces estos niños.

Pero también hay otros ejemplos de este tipo. Por ejemplo, el niño, que anteriormente proporcionó varios ejemplos de expresión del lenguaje especialmente original y creativo, tenía dos ratones blancos a los que cuidaba y atendía con ternura, prefiriéndolos por encima de todos los humanos, como a menudo enfatizaba. Este es el mismo niño que volvió locos a sus padres con su malicia y torturó astutamente a su hermanito. Se pueden observar ejemplos similares de un innegable apego emocional a los animales y a ciertas personas repetidamente en niños autistas.

Ante estos hechos, el problema del aspecto emocional de estos niños se ha vuelto muy complejo para nosotros. En cualquier caso, no debería entenderse simplemente como una "ausencia de sentimientos", es decir, en términos cuantitativos. Es mucho más una otra cualitativa, una desarmonía de sentimientos y mente, a menudo llena de sorprendentes contradicciones, que caracteriza a estos niños y a través de la cual se produce su comportamiento maladaptativo.

7.5/ Biología Hereditaria

Dada la unidad y constancia de este tipo de niño psicópata, también se debe considerar la cuestión de la herencia. Desde hace mucho tiempo se ha establecido que los estados psicopáticos tienen raíces constitucionales y, por lo tanto, también son hereditarios. Sin embargo, también es una esperanza inútil demostrar un patrón claro y simple de herencia. Estos estados son sin duda poliméricos, lo que significa que están vinculados a múltiples unidades hereditarias, y por lo tanto, sin forzar una explicación, no lleva a resultados concluyentes, como determinar si esta condición se hereda de manera dominante o recesiva.

Este trabajo genealógico se reservará para futuros estudios. Por ahora, solo podemos resumir lo siguiente: a lo largo de diez años, hemos observado a más de 200 niños en quienes la imagen del niño psicópata autista era más o menos pronunciada. En todos los casos en los que pudimos examinar de cerca a los padres y familiares, detectamos rasgos psicopáticos relacionados con los ancestros. A menudo, solo había características autistas individuales, pero a veces estaba presente la imagen completamente desarrollada del autismo, incluyendo expresiones características, torpeza y "dificultades de clasificación", aunque en un nivel diferente. En la mayoría de los casos, si fue el padre quien transmitió los rasgos autistas al niño, tenía una profesión intelectual. Si había un artesano entre ellos, generalmente daba la impresión de que había fracasado en su profesión (ver caso 2). En muchos casos, los ancestros de estos niños han sido intelectuales durante varias generaciones, obligados por su naturaleza a seguir estas profesiones. A menudo encontramos descendientes de familias prominentes de académicos y artistas entre estos niños. A veces, por supuesto, parecía que todo lo que quedaba de su grandeza en el niño eran las peculiaridades y idiosincrasias que a menudo se aferran incluso a los grandes científicos. Muchos de los padres de nuestros niños autistas, a pesar de sus considerables peculiaridades, ocupaban puestos altos, lo que también contribuye a la cuestión del valor social de este tipo de personalidad.

Los resultados hereditarios descritos aquí hablan con certeza sobre la naturaleza hereditaria de la condición y la omnipresencia de predisposiciones, pero también, dado que la herencia es tan consistente en la mayoría de los casos, sobre la especificidad de la condición psicopática.

En relación con la herencia, también se abordarán otras preguntas aquí.

Si consideramos a nuestros niños autistas en términos de género, nos enfrentamos al hecho inicialmente sorprendente de que casi exclusivamente son niños. Hemos encontrado trastornos de contacto en niñas que, en algunos aspectos, se asemejan a los psicópatas autistas. También hemos encontrado niñas en las que tuvimos que asumir que una encefalitis previa era la causa de la afección (como en el caso 4, Hellmuth L.), pero no hemos encontrado una imagen completamente desarrollada en niñas como se muestra en los casos 1-3. ¿Cómo podemos explicar esto? ¿Es una herencia relacionada con el sexo o al menos limitada al sexo? Es algo así.

El psicópata autista es una variación extrema de la inteligencia y la masculinidad masculinas. Incluso dentro del rango normal de variación, se pueden encontrar diferencias típicas entre la inteligencia de niños y niñas: las niñas generalmente aprenden mejor, son concretas, descriptivas, prácticas, meticulosas y diligentes, mientras que la lógica, la abstracción, el pensamiento y la formulación precisos, y la investigación independiente son mucho más aptos para los niños. Por eso, en general, los niños superan a las niñas en los grupos de edad superiores de la prueba de Binet; los requisitos lógicos y abstractos que las pruebas de Binet imponen a partir de los 10 años se adaptan mucho más a los niños. En el psicópata autista, este comportamiento se lleva al extremo. La abstracción, que en general reside más en el pensamiento masculino, mientras que las mujeres confían más en sus instintos, ha progresado hasta tal punto que se han perdido en gran medida las conexiones con lo concreto, con las cosas y las personas; la adaptación a las demandas del entorno, que ocurre principalmente a través de funciones instintivas, solo se ha logrado de manera muy limitada.

Aunque, como se mencionó anteriormente, no hemos encontrado una niña en la que la imagen del niño psicópata autista estuviera completamente desarrollada, hemos encontrado varias madres de niños autistas que ellas mismas mostraban claros comportamientos autistas. No podemos explicar este hecho. No sabemos si es una coincidencia que no haya niñas autistas entre nuestros casos, pueden ser más raras que los niños, o si los rasgos autistas solo aparecen en las mujeres después de la pubertad.

En una investigación de nuestros casos, también hemos establecido que los psicópatas autistas son principalmente niños, incluso teniendo en cuenta las condiciones en las grandes ciudades (aquí también, los datos exactos deben reservarse para trabajos futuros). Un observador de la psicología individual seguramente explicaría toda la condición en función de la situación de ser hijo único, viéndola como prueba de una causa exógena; atribuiría los trastornos en las relaciones con la comunidad, así como la precocidad del pensamiento y la reflexión, simplemente al hecho de que los niños solo han crecido entre adultos y no han aprendido a adaptarse a una multitud de hermanos. Los padres y a menudo los maestros de los niños autistas explican sus dificultades por el hecho de que son hijos únicos. Pero, al igual que en muchas otras relaciones, un enfoque de psicología individual confunde causa y efecto. Si se observa a estos niños crecer desde temprana edad, si se puede observar cómo su naturaleza se determina como se describe desde la primera infancia, y si también se sabe que los niños autistas que crecen con hermanos se desarrollan de la misma manera que los hijos únicos, entonces una explicación basada en la causalidad exógena debe parecer absurda. Ninguno de estos niños es autista debido a influencias educativas desfavorables a las que está expuesto un niño sin hermanos, sino más bien arraigado en las predisposiciones heredadas de padres que también son autistas. Una expresión del carácter autista de los padres es que solo estuvieron dispuestos a tener un hijo.

El deseo de tener hijos dentro del marco del matrimonio es, sin duda, una expresión de una actitud y, por lo tanto, es modificable en individuos dentro del rango normal de variación de esta actitud, y este deseo puede verse influenciado por la educación. Un gran ejemplo, único en la historia, lo ofrece nuestra reciente historia alemana. Con tales variaciones extremas de los caracteres humanos, se puede demostrar que el deseo de tener o no tener un hijo está arraigado en las capas instintivas del ser humano, es decir, en su constitución predispuesta. La ausencia o debilitamiento de este deseo de tener hijos es una característica de la mayoría de las personalidades autistas y un síntoma adicional de su naturaleza hiposexual e instintivamente perturbada.

Así, vemos que muchos de estos individuos llevan su vida de manera antisocial, sin esposa ni hijos. Entre los que se casan, muchos viven en relaciones matrimoniales problemáticas y tensas, donde no se encuentra la armonía adecuada entre el instinto y el intelecto, y donde especialmente no hay lugar para criar una prole de hijos. Aquí vienen a la mente las palabras de Klages sobre "el espíritu como adversario de la vida". Por lo tanto, se debe enfatizar que ser hijo único es más un síntoma de la condición autista que su causa.

La descripción de los casos, especialmente el primero, puede haber dado la impresión de que existen ciertas similitudes entre los psicópatas autistas y los estados esquizofrénicos. Incluso surgió la pregunta de si niños anormales como el caso de Fritz V. eran realmente niños con esquizofrenia. Durante la discusión de este caso, se realizaron consideraciones de diagnóstico diferencial y se rechazó el diagnóstico de psicosis esquizofrénica. Lo mismo se aplica a los otros casos, de los cuales prácticamente ninguno es tan anormal como el primero descrito.

Sin embargo, surge otra pregunta que debe responderse: ¿Los casos descritos, o al menos algunos de ellos, son quizás etapas preliminares de esquizofrenia que evolucionan hacia psicosis verdaderas?

Esta pregunta también debe responderse negativamente según nuestro material. Los estados que hemos descrito no muestran progresión; estos niños permanecen iguales a lo largo de sus vidas. Su esencia permanece constante a lo largo de sus vidas, aunque generalmente se adaptan mejor a las demandas del entorno y, por lo tanto, pueden integrarse socialmente. Solo hemos observado un caso, que inicialmente consideramos un psicópata autista gravemente perturbado por los instintos, en el cual, sin embargo, dos años después de nuestro primer encuentro, se produjo una degradación y desintegración progresiva de la personalidad, lo que requirió el diagnóstico de hebefrenia. Sin embargo, en todos los demás casos, algunos de los cuales hemos estado observando durante 20 años o más, no se pudo observar una transición de esta forma de psicopatía a una psicosis verdadera.

Esto plantea otra pregunta: ¿Se basa la condición

psicopática descrita en predisposiciones esquizofrénicas parciales (es decir, ¿estos psicópatas, asumiendo que la esquizofrenia se hereda como un polímero, llevan genes únicos, la combinación de varias predisposiciones patológicas que causan la esquizofrenia), o se basa la condición en predisposiciones a la esquizofrenia que no se han manifestado en estos casos? Estas preguntas deben aclararse a través de observaciones familiares precisas, es decir, si se encuentran esquizofrénicos en mayor número que el promedio entre los familiares de nuestros niños.

Por ahora, no podemos responder de manera concluyente a esta pregunta, y tendremos que remitirnos a trabajos futuros sobre este tema. Por ahora, solo queremos afirmar que no tenemos la impresión de que los esquizofrénicos se agrupen alrededor de los niños autistas de manera obvia, lo que significa que las características autistas no parecen tener una relación genética con la esquizofrenia desde una perspectiva hereditaria-biológica. Esto estaría en línea con la opinión de Schroeder de que los psicópatas no son "medio o cuarto de idiotas", ni siquiera en términos de comportamiento hereditario-biológico.

7.6/ Valor Social de las Personas Autistas

En nuestro trabajo, nos propusimos describir una condición psicopática que, hasta donde sabemos, aún no se ha descrito en la infancia. El siguiente capítulo va más allá. Surge la pregunta: ¿qué será de los niños autistas? Esto también plantea la cuestión del valor social, un asunto de tanta importancia que consideramos necesario abordarlo a pesar de las limitaciones de nuestro trabajo centrado en el autismo en la infancia.

Según lo dicho hasta ahora, se puede esperar que la clasificación social de estas personas sea extremadamente difícil, si no imposible, ya que hemos enfatizado que la característica esencial de esta condición es la incapacidad para adaptarse a las demandas del entorno. Sin embargo, esta expectativa solo se cumple en casos muy raros y solo entre individuos que, además de los rasgos autistas, se presume que tienen una inferioridad intelectual.

En este último caso, sin embargo, el resultado generalmente es bastante triste. En el peor de los casos, ocupan empleos subordinados y a menudo erráticos, cambiantes. En los casos más graves, vagan por las calles como individuos peculiares y grotescamente descuidados, hablando consigo mismos o con otros de manera autista, convirtiéndose en objetos de burla para todos los niños de la calle. Pueden reaccionar a esto intentando, sin éxito, vengarse de quienes los atormentan.

Pero es diferente para individuos intelectualmente intactos, especialmente para los psicópatas autistas inteligentes cuya inteligencia está por encima del promedio. Si bien los adultos también experimentan las mismas dificultades en sus relaciones con los demás, lo que lleva a conflictos característicos como se ve en los niños, es difícil juzgar si ellos mismos sufren, considerando su naturaleza difícil de comprender, su vida emocional notablemente diferente y su dificultad para penetrar. Por lo tanto, aunque estos individuos no son fáciles de convivir, especialmente para los miembros cercanos de la familia y las parejas, el juicio sobre ellos se vuelve completamente diferente al considerar su desempeño profesional.

En la mayoría de los casos, logran un buen desempeño profesional y ocupan posiciones de estatus social, a menudo en profesiones de alto nivel, a veces de una manera tan destacada que se debe concluir que nadie más que estos individuos autistas es capaz de lograr tales logros. Es como si poseyeran habilidades especiales en una hipertrofia compensatoria para contrarrestar sus considerables deficiencias. La imperturbabilidad y la penetración que residen en la actividad "espontánea" de los autistas, su inmersión en aspectos individuales de la vida y en intereses aislados, resultan ser un valor positivo que les permite lograr resultados particulares en su campo. Especialmente en el caso de los autistas, observamos, con mayor claridad que en el caso de los individuos "normales", que parecen estar destinados a cierta profesión desde temprana edad, y esta profesión se desarrolla inevitablemente a partir de sus predisposiciones únicas.

Permítame darle un ejemplo. Hemos seguido la vida de un niño y joven durante casi tres décadas que exhibía la imagen distintiva de un psicópata autista en su comportamiento. Desde la infancia hasta la edad adulta, mostró comportamiento autista. Era como si no prestara atención a los demás, dejándose distraer fácilmente y a menudo sin reconocer a sus conocidos más cercanos. Así como era particularmente torpe en sus habilidades motoras (experimentando todas las dificultades descritas anteriormente para aprender necesidades diarias), se mantenía torpe y poco adecuado en su comportamiento (incluso de joven, se le podía ver escarbando diligentemente y persistentemente en su nariz en el tranvía). La escuela siempre fue un desafío para él; aprendía o no aprendía como le placía. Lingüísticamente, tenía habilidades muy pobres, apenas superaba los rudimentos de la escuela secundaria, como dicen en griego, siempre se las arregló confiando en sus otras habilidades.

Desde su infancia temprana, esta persona exhibió un talento matemático altamente inusual que emergía espontáneamente en él. Al cuestionar constantemente a los adultos, adquiría los conocimientos necesarios de ellos, que luego procesaba completamente por sí mismo. Así, se informa de la siguiente escena de su ¡tercer año de vida (!). Un día, la conversación había alcanzado su clímax. Su madre tuvo que dibujar un triángulo, un cuadrado y un pentagrama en la arena para él. Luego, tomó el palo él mismo, trazó una línea y dijo: "¿Esto es un dos-ángulo, verdad?" y "¿Y esto, es un uno-ángulo?". Todo el juego del niño, todo su interés, se dirigía hacia el tema de las matemáticas. Incluso antes de comenzar la escuela, ya podía dibujar raíces cúbicas. Se enfatiza repetidamente que los padres no pensaron en enseñar al niño habilidades matemáticas que no entendía, sino que fue el propio esfuerzo del niño por involucrarse en aritmética, incluso contra la resistencia de sus maestros. En la escuela secundaria, sorprendió a sus profesores con su conocimiento matemático particular, adentrándose en las áreas más abstractas, y fue debido a esto que, a pesar de su comportamiento a menudo poco práctico y sus fracasos en otras materias, logró ingresar a la universidad sin repetir un grado. Poco después de comenzar sus estudios universitarios, eligió la astronomía teórica como su campo, investigó un error en los cálculos de Newton. Su asesor le aconsejó que hiciera este descubrimiento la base de su tesis. Desde el principio, quedó claro que estaba destinado a una carrera académica. En un tiempo excepcionalmente corto, se convirtió en asistente en un instituto universitario de astronomía y obtuvo su habilitación.

Esta trayectoria de vida de ninguna manera es excepcional. Para nuestra sorpresa, hemos encontrado que los psicópatas autistas, siempre que sean intelectualmente intactos, tienen éxito en casi todos los casos en adoptar una actitud profesional, siendo muchos de ellos intelectuales resueltos, altamente especializados y a menudo en excelentes posiciones con preferencia por el conocimiento abstracto. Encontramos un gran número de ellos cuya profesión está determinada por su habilidad matemática, no solo "matemáticos puros", sino también tecnólogos, químicos e incluso funcionarios de alto rango. A menudo encontramos profesiones especiales inusuales y extraordinarias, como un especialista en heráldica que se dice que es una autoridad en el campo. Incluso algunos de los niños observados se han convertido en músicos reconocidos. El hecho casi sorprendente de que niños tan difíciles y anormales eventualmente puedan lograr una integración social tolerable y a veces excepcional parece, al reflexionar, explicable.

Una buena actitud profesional implica determinación e implica renunciar a otros intereses, algo que muchas personas encuentran muy angustiante. Algunos jóvenes no eligen una profesión porque, por más talentosos que sean en diferentes áreas, nunca pueden tomar una decisión o convocar la perseverancia necesaria dirigida hacia una sola carrera.

Sin embargo, en el caso de los psicópatas autistas, parece

como si siguieran su camino con energía acumulada y confianza en sí mismos, con anteojeras frente a las dificultades reales de la vida, a las que generalmente parecen haber estado destinados desde la infancia debido a su situación.

El adagio se cumple también para estos individuos: para cada carácter, las ventajas y desventajas provienen de los mismos rasgos, y los aspectos positivos y negativos son dos caras de la misma moneda y no se pueden separar entre sí. Nunca se puede aceptar simplemente lo positivo y rechazar lo negativo.

Observamos que incluso los autistas tienen su lugar dentro del tejido social de una comunidad, donde cumplen su papel, a menudo de una manera que nadie más podría hacer. A menudo son los niños quienes causan a sus educadores las mayores dificultades y preocupaciones.

Es precisamente con tales individuos que se hace evidente que incluso las personalidades anormales pueden desarrollarse y adaptarse, y a menudo sucede que durante su desarrollo surgen oportunidades de integración social que no se anticiparon antes. Este hecho determina nuestra actitud y juicio de valor hacia individuos difíciles de este y otros tipos, y nos da el derecho y el deber de relacionarnos con ellos con toda nuestra personalidad, ya que creemos que solo el compromiso completo de un educador amoroso puede tener éxito con individuos desafiantes como estos.

8/ CONCLUSIÓN

Ahora, al final de nuestro trabajo, debemos prestar atención a la literatura. Sería necesario examinar las relaciones entre el tipo de niño que hemos descrito y los tipos ya descritos por otros, cómo se alinean o difieren entre sí. No pretendemos abordar las objeciones fundamentales contra un enfoque tipológico dado el abundante material literario. Simplemente queremos reiterar lo que ya hemos declarado al principio, a saber, que no creemos en la posibilidad de una tipología sistemática verdaderamente perfecta. La tipología a veces puede ser fructífera para el conocimiento, y creemos que lo hemos demostrado con nuestro trabajo. Por lo tanto, necesitamos comparar la literatura sobre tipos psicológicos. Hay ciertas similitudes entre los psicópatas autistas y los esquizotímicos de Kretschmer, así como con ciertas formas de los tipos desintegrados de E.R. Jaensch, y especialmente con el tipo de "pensamiento introvertido" de Jung. En particular, en la descripción de los personajes introvertidos, hemos encontrado muchas cosas relacionadas con las personalidades infantiles que hemos descrito. Después de todo, la "introversión" no es más que el encierro en uno mismo (autismo), una restricción de las relaciones con el entorno. Sin embargo, no consideramos que una discusión con estos autores sea del todo fructífera en esta etapa: ninguno de ellos dice mucho, excepto por observaciones muy breves y raras, sobre el comportamiento de los personajes que describen en la infancia. Por lo tanto, el aspecto comparativo está en gran medida ausente; las descripciones están en un nivel completamente diferente al nuestro.

La discusión será sin duda mucho más fructífera si mostramos qué se convierten nuestros niños autistas a medida que crecen. En este punto, también debemos referirnos al trabajo integral que a menudo se ha prometido. En este trabajo, no solo se explorarán más los fundamentos heredado-biológicos, sino sobre todo se continuará con el tema de este trabajo deliberadamente limitado a la infancia. Esto nos dará la oportunidad de adentrarnos en las imágenes de personajes descritas por otros autores y resaltar las similitudes y contrastes. El objetivo de nuestro trabajo es describir un tipo anormal de niño, resultado de una observación intensiva y un esfuerzo pedagógico profundo, que consideramos de interés no solo por sus peculiaridades y dificultades, sino también por las perspectivas que aporta sobre cuestiones psicológicas, pedagógicas y sociológicas centrales.

9/ BIBLIOGRAFÍA

- *Bleuler:* Lehrbuch der Psychiatrie, 5. Aufl. Berlin: Springer 1930.

– Das autistisch- undisziplinierte Denken, 3. Aufl. Berlin: Springer 1922.

- *Hamburger:* Die Neurosen des Kindesalters. Wien u. Berlin: Urban & Schwarzenberg 1939.

– *Heinze:* Z. Kinderforsch. 40 (1932).

– *Jaensch, E. R.:* Grundformen menschlichen Seins. Berlin: Elsner.

– Der Gegentypus. Leipzig: Johann Ambrosius Barth.

– *Jung:* Psychologische Typen. Zürich u. Leipzig: Rascher.

– *Klages:* Grundlegung der Wissenschaft vom Ausdruck. Leipzig; Johann Ambrosius Barth 1936.

– Die Grundlagen der Charakterkunde. Leipzig: Johann Ambrosius Barth 1936.

– *Kretschmer:* Körperbau und Charakter. Berlin 1928.

– *Schneider, K.:* Die psychopathischen Persönlichkeiten. Leipzig u. Wien 1934.

– *Schröder:* Kindliche Charaktere und ihre Abartigkeiten, mit erläuternden Beispielen von *Heinze.* Breslau: F. Hirth 1931.

– Mschr. f. Psychiatr. 99 (1938).

EPÍLOGO

1/ La cuestión de la identificación de diferencias, pruebas y prevalencia

En primer lugar, es importante recordar que una diferencia que no es físicamente visible o que carece de un marcador biológico único identificable no significa que no exista. A veces también hay criterios biológicos o conductuales maladaptados, como se ve, por ejemplo, en ciertas alergias o intolerancias que pueden no aparecer en las pruebas. Hay criterios que se comparten en demasiadas situaciones como para ser explicados (por ejemplo, el dolor de garganta no está exclusivamente relacionado con la laringitis). Además, hay comportamientos y particularidades que pueden no ser observables en todos los contextos y situaciones, y esto puede deberse a diversas razones, como el deseo de parecer lo más normal posible (Hull et al., 2017). Algunos se refieren a esto como camuflaje o enmascaramiento social, y las personas enfrentan un dilema: aparecer como normales para adaptarse, integrarse y socializar por un lado, o exponerse a ser diagnosticados con una condición psiquiátrica y buscar ayuda mientras son estigmatizados con una etiqueta de trastorno mental por otro lado. El psiquiatra Hans Asperger enfatizó que él y su equipo evitaban poner a los niños en situaciones de prueba inducidas artificialmente porque implican tareas estereotipadas que no tienen nada que ver con la vida cotidiana real. Tales situaciones podrían llevar a un aumento de la ansiedad o a un rendimiento excesivo en un contexto. Además, estas diferencias pueden ser reconocidas rápidamente por un ojo experimentado y observador basándose en numerosos detalles. Asperger explicó que las verdaderas diferencias en estos niños solo pueden ser observadas en la vida real, el juego, el trabajo y situaciones libres. Según él, es necesario llevar a cabo una observación educativa (en lugar de psiquiátrica) que se centre en los caminos, razonamientos, producciones y métodos de los niños, más que en los resultados. En términos prácticos, hoy en día, todo esto se materializa en la falta de correspondencia entre el enfoque científico y el autismo (como estudiarlo en el marco de la psiquiatría) y en su identificación a través de pruebas estereotipadas y no necesariamente relevantes (como ADOS-2 o ADI-R) que no hacen visibles todas las particularidades ni las identifican (especialmente considerando que no se basan en criterios genéticos o neurobiológicos), pero que también permiten su imitación.

Referencias

Hull, L., Petrides, K. V., Allison, C., Smith, P., Baron-Cohen, S., Lai, M. C., & Mandy, W. (2017). "Putting on My Best Normal": Social Camouflaging in Adults with Autism Spectrum Conditions. Journal of autism and developmental disorders, 47(8), 2519–2534. https://doi.org/10.1007/s10803-017-3166-5

2/ El tema de la patologización, maladaptación y/o distanciamiento del entorno y la cultura, y los problemas dentro de la psiquiatría

Según Hans Asperger, el autismo está caracterizado esencialmente, si no exclusivamente, por una incapacidad para adaptarse a las demandas del entorno o por relaciones e interacciones perturbadas y restringidas con el entorno. Esto plantea una discusión interesante cuando se trata de individuos autistas que no pueden adaptarse a una cultura racional. Por el contrario, algunos de ellos simplemente luchan por adaptarse a una cultura de apariencia, espectáculo, egoísmo, pseudociencia, opiniones, creencias y una cultura moldeada por personas que actúan y piensan de manera diferente a ellos. El Manual Diagnóstico y Estadístico de los Trastornos Mentales (DSM) señala notablemente que los trastornos se caracterizan en función de normas culturales y sociales en un momento dado. Por lo tanto, está claro que un trastorno mental puede ser contextual. Uno podría estar discapacitado en 2021 en Estados Unidos, pero no necesariamente en 2015 en Japón. Esto plantea problemas significativos en cuanto a la validez científica de la psiquiatría. Para ilustrar esta supuesta incapacidad, Asperger habla de intereses especiales, que son únicos, excéntricos (en el sentido literal de "desviarse de lo habitual" o tener intereses inusuales). Estos intereses intencionalmente y de manera peyorativa han sido renombrados como "intereses restringidos", pero permiten a las personas lograr logros extraordinarios y desarrollar aptitudes específicas para ciertas profesiones. También explica que estos niños pueden lograr una integración social tolerable e incluso excepcional, superando a la persona promedio. Por lo tanto, si algunas personas hacen diagnósticos retrospectivos (Charlier y Deo, 2018; Fitzgerald, 2000; Keynes, 2008; Lagerkvist, 2002; Otaiku, 2018; Sacks, 2001; Schmidt et al., 2020) o identifican rasgos autistas en ciertos famosos excepcionalmente exitosos, no necesariamente es falso o sesgado, ya que los patrones de pensamiento y comportamiento descritos por Hans Asperger son fácilmente identificables (especialmente entre escritores, científicos e ingenieros), aunque el éxito no sea un criterio de identificación. Hans Asperger se contradice de muchas maneras, reflejando el razonamiento, las paradojas y las contradicciones inherentes a la psiquiatría, que desafortunadamente pocas personas cuestionan. Esto incluye una serie de posibles ventajas como la inteligencia, la creatividad, la hiperlexia, la hipernumeración, la racionalidad, las habilidades perceptivas y la hiperconciencia, entre otras, que se abordarán en los puntos siguientes. Sin embargo, actualmente se considera el autismo como un trastorno mental y se asocia con discapacidad intelectual. Este estatus psiquiátrico tiene implicaciones políticas y sociales, lo que permite a las personas acceder a apoyo médico o psicológico al que no tendrían derecho si el autismo simplemente se considerara una diferencia. Es importante ser conscientes de que la sociedad no se volvería más inclusiva, incluso si surgieran algunas iniciativas. Sin embargo, no debemos ser ingenuos y pensar que la cuestión eugenésica no se convertirá en un problema más serio en algún momento de nuestra sociedad, como ya lo es en otros lugares. No obstante, Asperger señala que la mayoría de los individuos autistas con inteligencia normal logran integrarse en el mundo profesional en posiciones que les convienen. En última instancia, es muy extraño considerar la distancia o el distanciamiento del entorno como un trastorno mental, especialmente porque puede tener ciertas ventajas, que se abordarán en los puntos siguientes. Es por eso que Asperger indica que la clasificación social de estos individuos es desafiante.

Referencias

Charlier P, Deo S. (2018). Schizophrenia: four examples of historical retrospective diagnosis. L'encephale. 44(6S), S55-S57. http://doi.org/10.1016/s0013-7006(19)30082-x.

Fitzgerald M. (2000). Did Ludwig Wittgenstein have Asperger's syndrome?. European child & adolescent psychiatry, 9(1), 61–65. https://doi.org/10.1007/s007870050117

Keynes, M. (2008). Balancing Newton's mind: his singular behaviour and his madness of 1692-93. Notes and records of the Royal Society of London, 62(3), 289–300. https://doi.org/10.1098/rsnr.2007.0025

Lagerkvist B. (2002). Karl XII hade alla symtom på Aspergers syndrom: envishet, ett inrutat leverne och brist på medkänsla med andra [Charles XII had all symptoms of Asperger syndrome: stubbornness, a stereotyped existence and lack of compassion]. Lakartidningen, 99(48), 4874–4878.

Otaiku A. I. (2018). Did René Descartes Have Exploding Head Syndrome?. Journal of clinical sleep medicine: JCSM: official publication of the American Academy of Sleep Medicine, 14(4), 675–678. https://doi.org/10.5664/jcsm.7068

Sacks O. (2001). Henry Cavendish: an early case of Asperger's syndrome?. Neurology, 57(7), 1347. https://doi.org/10.1212/wnl.57.7.1347

Schmidt, M., Wilhelmy, S., & Gross, D. (2020). Retrospective diagnosis of mental illness: past and present. The lancet. Psychiatry, 7(1), 14–16. https://doi.org/10.1016/S2215-0366(19)30287-1

3/ La cuestión de la inteligencia, la razón y la herencia

Hans Asperger afirma que el autismo se encuentra tanto en individuos prodigiosos como en aquellos con discapacidad intelectual. Mientras que la adaptación puede ser excepcionalmente buena para los primeros, es muy difícil e incluso imposible para los últimos. En el caso de los individuos prodigiosos, Asperger describe casos de hiperlexia e hipernumeración y destaca la prevalencia del autismo entre científicos, artistas (y hoy en día, podemos extender esto a la tecnología), alineando el autismo perfectamente con la imagen del "profesor". También son los rasgos de personalidad (como la amabilidad o la apertura a la experiencia) - que se discutirán más adelante - los que varían y determinan si el autismo se percibe como algo positivo o negativo. Esto sugiere una especie de intensidad en la manifestación del autismo, con dos polos extremos que podrían indicar una curva de distribución diferente a la norma, más parecida a una curva en forma de "U" que a una curva en forma de "campana". Esto se ha estudiado y respalda esta idea, pero debido a los problemas de conceptualización definitiva del autismo, problemas con las pruebas, la inadecuación de las pruebas de inteligencia para personas autistas (Nader et al., 2016) y la falta de identificación de individuos altamente inteligentes (que a veces se excluyen de los estudios), esta observación debe abordarse con precaución (Charman et al., 2011). También podríamos plantear la hipótesis de que el autismo requiere un cierto nivel de inteligencia (asociada a rasgos de personalidad específicos y un entorno particular) para funcionar, y que el umbral para la discapacidad intelectual y/o la dependencia, la falta de autonomía, no está en 70 como en la población general, sino más alto (¿80? ¿90? ¿100? ¿110? ¿120?). Hans Asperger ya discutió la herencia del autismo, señalando la presencia de rasgos autistas en los padres de los niños que observó, incluyendo a muchos artistas y científicos, y destacando que el autismo no surge de problemas educativos. En cualquier caso, Hans Asperger enfatiza que estos niños son muy numerosos cuando se les observa correctamente, y que no hay límites ni barreras para su adaptación en la sociedad porque su intelecto está desarrollado en un grado superior al promedio. Como resultado, generalmente superan a los demás, son más creativos y más racionales. El verdadero problema aquí radica en su observación y juicio dentro de una norma que valora la mentira, el egoísmo, el espectáculo, la apariencia y la mediocridad. Según Hans Asperger, el autismo podría ser una variación extrema de la inteligencia masculina (aquella que es característica de los niños: lógica, abstracción e indagación), mientras que la inteligencia femenina puede estar caracterizada más por la practicidad, la concreción y el aprendizaje. Esta teoría también es propuesta por Simon Baron-Cohen, quien sugiere que el autismo en hombres y el autismo en mujeres tienen dos perfiles cognitivos opuestos. El primero se caracteriza por la sistematización (el análisis de variables dentro de un sistema y la extracción de reglas subyacentes, asociado con el pensamiento integrativo convergente), mientras que el último se caracteriza por la empatía (la identificación de pensamientos y emociones de otros para reaccionar de manera apropiada, permitiendo comprender y predecir interacciones sociales y comportamientos individuales) (Baron-Cohen, 2002, 2004). Por lo tanto, podríamos considerar que, al igual que una curva de inteligencia inusual, nos encontramos con un cerebro altamente sexualizado que es menos receptivo a las injunciones culturales (aunque altamente sensible al entorno) y resistente al condicionamiento social, como los roles sociales, las expectativas y las normas de género (Walsh et al., 2018).

Referencias

Baron-Cohen, S. (2002). The extreme male brain theory of autism. Trends in cognitive sciences, 6(6), 248–254. https://doi.org/10.1016/s1364-6613(02)01904-6

Baron-Cohen, S. (2004). L'autisme : une forme extrême du cerveau masculin ?. Terrain, 42, 17-32. https://doi.org/10.4000/terrain.1703

Charman, T., Pickles, A., Simonoff, E., Chandler, S., Loucas, T., & Baird, G. (2011). IQ in children with autism spectrum disorders: data from the Special Needs and Autism Project (SNAP). Psychological medicine, 41(3), 619–627. https://doi.org/10.1017/S0033291710000991

Nader, A. M., Courchesne, V., Dawson, M., & Soulières, I. (2016). Does WISC-IV Underestimate the Intelligence of Autistic Children?. Journal of autism and developmental disorders, 46(5), 1582–1589. https://doi.org/10.1007/s10803-014-2270-z

Walsh, R. J., Krabbendam, L., Dewinter, J., & Begeer, S. (2018). Brief Report: Gender Identity Differences in Autistic Adults: Associations with Perceptual and Socio-cognitive Profiles. Journal of autism and developmental disorders, 48(12), 4070–4078. https://doi.org/10.1007/s10803-018-3702-y

4/ La cuestión del sexo y género en el autismo

Algunos estudios en la población "normal" muestran diferencias entre los cerebros de hombres y mujeres (Ritchie et al., 2018; Williams et al., 2021), ya sea en términos de tamaño o influencias hormonales. Hay varias explicaciones sobre el origen de estas diferencias, incluyendo la genética e influencias hormonales durante el desarrollo fetal. Sin embargo, ese no es el enfoque aquí y no parece haber estudios a gran escala sobre las diferencias cerebrales entre hombres y mujeres en el autismo. Hans Asperger cuestionó por qué no había encontrado niñas en las que se desarrollara completamente lo que él describió. La investigación sobre este tema está comenzando a crecer, pero aún podemos respaldar ciertos puntos ya mencionados, como la inadecuación de las pruebas relacionadas con el autismo y la inteligencia. Al igual que los niños, una niña autista es relativamente fácilmente identificable en un contexto educativo para un ojo observador debido a sus características cognitivas y conductuales (como sus intereses) y sus relaciones con los demás y el mundo. En cualquier caso, no sería descabellado decir, en relación con todo lo mencionado anteriormente, que el cerebro autista femenino podría adaptarse mejor al entorno socio-cultural occidental. Por lo tanto, las niñas y mujeres autistas pueden camuflarse mejor, y como resultado, el desajuste con el entorno y las características del autismo pueden tener un impacto menor o diferente en la vida cotidiana y en diversos contextos (escuela, trabajo, socialización) según las personas. ¿Sería absurdo e infundado preguntarse si el cerebro autista femenino no es una forma extrema de inteligencia femenina? ¿Son los cerebros autistas femeninos y masculinos teóricamente complementarios? ¿Al contrario, los cerebros de las personas "neurotípicas", que muestran poca diferencia en la práctica y en las experiencias de la vida real (y posteriormente su comportamiento y roles), son teóricamente intercambiables? En última instancia, es importante tener siempre en cuenta que los seres humanos son animales sexualmente dimórficos (aunque el hermafroditismo es extremadamente raro pero existe) y que hombres y mujeres, aparte de la cultura, como el autismo podría ser un desapego o incluso un rechazo de la cultura, tienen roles diferentes en el contexto de la reproducción. Este desapego de la cultura también se refleja en la cuestión de la creatividad y la relación con la autoridad.

Referencias

Ritchie, S. J., Cox, S. R., Shen, X., Lombardo, M. V., Reus, L. M., Alloza, C., Harris, M. A., Alderson, H. L., Hunter, S., Neilson, E.,

Liewald, D., Auyeung, B., Whalley, H. C., Lawrie, S. M., Gale, C. R., Bastin, M. E., McIntosh, A. M., & Deary, I. J. (2018). Sex Differences in the Adult Human Brain: Evidence from 5216 UK Biobank Participants. Cerebral cortex, 28(8), 2959–2975. https://doi.org/10.1093/cercor/bhy109

Williams, C. M., Peyre, H., Toro, R., & Ramus, F. (2021). Sex differences in the brain are not reduced to differences in body size. Neuroscience and biobehavioral reviews, 130, 509–511. https://doi.org/10.1016/j.neubiorev.2021.09.015

5/ La cuestión de la creatividad

Ahora sabemos que el autismo - y más ampliamente, lo que comúnmente se conoce como trastornos del neurodesarrollo - está asociado con la creatividad y el pensamiento divergente (Best et al., 2015; Liu et al., 2011; Takeuchi et al., 2014), por lo que lo que Hans Asperger describió sobre los niños autistas sigue siendo relevante y no sorprendente. También se observa que la capacidad de sistematización autista corresponde al pensamiento integrador convergente, que se refiere a sintetizar elementos heterogéneos en un todo único y coherente (Barbot y Lubart, 2013). Hans Asperger describe a niños que generan espontáneamente ideas originales y que solo quieren seguir sus propias ideas, lo cual puede ser problemático en el contexto escolar donde todo está estandarizado (especialmente las expectativas). Según él, la inteligencia autista podría manifestarse a través de la experiencia de la persona autista del mundo y de las reglas, conocimientos, actitudes y formulaciones lingüísticas que se extraen de él. Los niños autistas solo pueden aprender por sí mismos, lo que dificulta mucho enseñarles cualquier cosa, y no se adaptan bien al sistema escolar porque su funcionamiento cognitivo no se alinea con la educación masiva. Así, Hans Asperger enfatiza que "los niños autistas tienen la capacidad de ver las cosas y los procesos en el entorno desde una nueva perspectiva. Estas perspectivas a menudo son notablemente maduras y los problemas que plantean van mucho más allá de lo que es el contenido del pensamiento para otros niños de la misma edad", y que la cognición autista lleva a profundizar en las cosas en lugar de quedarse en la superficie. Esto puede crear numerosos conflictos con el entorno circundante. Cuando se leen detenidamente las descripciones de los niños autistas por Hans Asperger, estas se asemejan casi perfectamente a las descripciones de los niños creativos en el contexto escolar, incluyendo sus relaciones con la escuela, los maestros y los demás niños. Esto plantea la cuestión de si la creatividad es la cognición y la psique predeterminadas del autismo. Dado que las escuelas enseñan solo una forma específica de hacer, pensar y ser, esto se vuelve bastante problemático.

Referencias

Barbot, B. & Lubart, T. (2012). Adolescence, créativité et transformation de Soi. *Enfance*, 3, 299-312. https://doi.org/10.4074/S0013754512003059

Best, C., Arora, S., Porter, F., & Doherty, M. (2015). The Relationship Between Subthreshold Autistic Traits, Ambiguous

Figure Perception and Divergent Thinking. Journal of autism and developmental disorders, 45(12), 4064–4073. https://doi.org/10.1007/s10803-015-2518-2

Liu M.-J., Shih W.-L., Ma L.-Y. (2011). Are children with Asperger syndrome creative in divergent thinking and feeling? A brief report. Res. Autism Spectr. Disord., 5, 294–298. http://doi.org/10.1016/j.rasd.2010.04.011

Takeuchi, H., Taki, Y., Sekiguchi, A., Nouchi, R., Kotozaki, Y., Nakagawa, S., Miyauchi, C. M., Iizuka, K., Yokoyama, R., Shinada, T., Yamamoto, Y., Hanawa, S., Araki, T., & Hashizume, H. (2014). Creativity measured by divergent thinking is associated with two axes of autistic characteristics. Frontiers in psychology, 5, 921. https://doi.org/10.3389/fpsyg.2014.00921

6/ La cuestión de la educación, el condicionamiento y la autoridad

Hans Asperger trabajó en una clínica y propuso una pedagogía terapéutica y adaptativa para niños autistas con el fin de normalizarlos y hacer que encajen en el molde (es importante tener en cuenta el contexto político de la época). Describe a niños autónomos y auténticos a quienes observa y juzga según las normas de comportamiento que a menudo giran en torno a buscar aprobación y manipulación. Existe una suposición en la educación, aún demasiado prevalente, que insta a cada niño a amar, jugar y llevarse bien con todos los demás niños, lo cual es imposible, especialmente para estos niños diferentes. Cuando un niño no hace lo que se espera socialmente de él, se le considera "malo". Lo mismo ocurre cuando cuestionan las reglas (a veces válidamente), y cuando prestan atención a sus propias necesidades (sin priorizar necesariamente a los demás), se les ve como egoístas. Hans Asperger explica que los niños normales obedecen e integran inconscientemente, mientras que los niños autistas desobedecen conscientemente y, por lo tanto, no se integran. Todo esto plantea debates más filosóficos y pedagógicos sobre el papel de la autoridad, la justicia (a veces las reglas son autoritarias e injustas) y la equidad, pero ciertamente no sobre la discapacidad. ¿Es incorrecto no cumplir con una instrucción u orden injusta, inapropiada o moralmente cuestionable? Esta pregunta es particularmente importante y esencial plantearla en el contexto de la Segunda Guerra Mundial. Aquí, vemos que Hans Asperger propone utilizar la manipulación y el chantaje emocional para manejar a los niños que resisten el condicionamiento educativo, socio-político y cultural. Esto se puede explicar bastante fácilmente por lo que Tony Attwood describe cuando escribe que "al hablar con un niño con Asperger, el oyente probablemente tendrá la impresión de que el niño es un 'pequeño profesor' que usa un vocabulario avanzado para su edad y que es capaz de contar muchos hechos interesantes (o aburridos). Las niñas con Asperger pueden parecer 'pequeñas filósofas', capaces de hacer reflexiones profundas sobre situaciones sociales. Desde temprana edad, las niñas con Asperger han utilizado sus habilidades cognitivas para analizar interacciones sociales y frecuentemente discuten las diferencias entre las convenciones sociales y sus reflexiones sobre eventos sociales" (2010, p. 42). En conjunto, las descripciones pedagógicas de Hans Asperger demuestran cómo ir a la escuela y/o seguir una educación tradicional puede ser problemático para estos niños. ¿Vemos muchas aulas adaptándose a la hiperlexia? ¿Cómo se manejan generalmente los niños que están por detrás o avanzados en su desarrollo? ¿Es la inclusión la única y mejor solución? Es evidente que la educación masiva es inadecuada y existen alternativas dentro del sistema escolar (como pedagogías o enfoques diferentes que no implican la instrucción directa, ya que esto es problemático aquí) o fuera de la escuela (como la educación en el hogar o sin escuela), pero estas alternativas no siempre son aceptadas o discutidas. Hans Asperger hace observaciones interesantes pero a veces proporciona análisis erróneos cuando, por ejemplo, explica que es problemático para los niños autistas rechazar los halagos y la conformidad. Si bien esto puede ser problemático para el orden social y el grupo (especialmente en el contexto y régimen en el que vivió), desde una perspectiva general, parece apelar a patrones afectivos relativamente saludables. El hecho de que estos niños se resisten a la autoridad, la manipulación y la obediencia instantánea no indica malicia, mala voluntad o ningún vicio. En cambio, significa que requieren formas diferentes de interactuar y que su enfoque cognitivo y perceptual del mundo y de los demás debe ser estudiado para ser comprendido. También se entiende que si un niño autista solo puede aprender a través de la autoexperiencia, entonces el entorno es crucial porque condiciona todo, incluido su desarrollo. El niño debe pasar por una multitud de experiencias para comprender, analizar y adaptarse; de lo contrario, el niño no puede desarrollarse. Aquí es donde la inclusión puede tener un resultado contrario a su objetivo, ya que la educación no se adapta al niño, sino que se espera que el niño se conforme a una norma, a una cultura que no se alinea con su ser. Nos encontramos con una gran paradoja aquí: los niños autistas necesitan rutinas y la permanencia de las cosas y las personas, sin embargo, su desarrollo parece requerir cambio. También se puede cuestionar si un entorno demasiado estable y/o demasiado protector podría tener consecuencias contrarias a lo esperado. ¿Permiten el confort, la estabilidad, la cultura y la normatividad que estos niños divergentes aprendan y crezcan adecuadamente? Las dificultades experimentadas por las personas autistas no son exclusivas del autismo; todos en la vida enfrentan dificultades, pero difieren en que a menudo tocan lo esencial dentro de las normas culturales y, por lo tanto, el mundo de la educación y el empleo. Por lo tanto, es fácil entender que las ventajas y dificultades pueden variar según las culturas, profesiones y épocas, y que a veces pueden compensarse fácilmente (por ejemplo, un niño autista con dificultades motoras que luego florece en una profesión artística o artesanal relacionada con sus intereses particulares). En última instancia, si tomamos una cierta perspectiva, la de Hans Asperger, pero también una visión más general, estos niños no están adaptados al entorno porque son altamente resistentes a la influencia y la manipulación. Sin embargo, este entorno ha sido construido y diseñado precisamente porque las personas no pueden concebir que pueda haber diferentes cogniciones, y es impensable obligar a alguien a pensar, percibir y actuar de una manera completamente incongruente con su psique y cognición. ¿Qué pasaría si ofreciéramos una educación verdaderamente adaptada a estos niños? ¿Seguiríamos observando estas dificultades? La respuesta es claramente no, pero en lugar de intentar modificar la educación, siempre hemos intentado "tratar" a estos niños, sin importar cuán diferentes puedan ser entre sí. Todas estas preguntas inevitablemente nos llevan a la cuestión del fenotipo autista y el concepto de un espectro.

Referencias

Attwood, T. (2010). Le Syndrome d'Asperger. De Boeck.

7/ La cuestión del fenotipo autista y el espectro

Como escribe Hans Asperger, cada persona es única y el autismo debe describirse en su multidimensionalidad. El autismo es un entrelazamiento infinito de rasgos. Una tipología demasiado simplista y uniforme podría patologizar la normalidad porque muchos individuos dentro del rango "normal" de variación podrían encajar en ella. Esto es criticado, por ejemplo, por Allen Frances, director del DSM-IV, y Robert Plomin (2018). Asperger explica que las diferencias mentales deben explicarse en función de los diferentes grados de desarrollo de los diversos rasgos que las componen. Además, enfatiza que los rasgos de personalidad influirán en el individuo en general y en su inteligencia (y que la personalidad juega el papel más importante en la evaluación), incluyendo en el caso de las personas autistas. Por lo tanto, la inteligencia, la personalidad y la creatividad variarán cualitativa y cuantitativamente dentro del autismo, lo que significa que no se trata simplemente de más o menos de lo mismo, sino de cosas diferentes en diferentes grados. Es la combinación de estas variaciones la que crea el concepto de un espectro. Ya hemos discutido anteriormente la cuestión de la inteligencia, así como la de la creatividad y cómo el entorno puede influir en el desarrollo autista, pero la cuestión de la personalidad aún no se ha desarrollado. Para simplificar, podemos referirnos a la teoría de los Cinco Grandes, que describe cinco rasgos de personalidad en los individuos: extraversión, neuroticismo, responsabilidad, apertura a la experiencia y amabilidad. Con estos cinco rasgos en mente, se vuelve más fácil comprender ciertas diferencias entre las personas autistas (para simplificar de manera muy amplia, una persona autista puede ser amable o mala, altruista o egoísta, de mente abierta o intolerante, etc.), y hay mucho que decir y discutir. La cuestión de la responsabilidad ha sido ampliamente abordada por Hans Asperger.

Referencias

Frances, A. (2013). Saving normal: an insider's revolt against out-of-control psychiatric diagnosis, DSM-5, big pharma, and the medicalization of ordinary life. William Morrow.

Frances, A. (2013). Sommes-nous tous des malades mentaux ?. Odile Jacob.

Plomin, R. (2018). Blueprint, How DNA makes us who we are. Penguin Science.

8/ La cuestión de la hiperconciencia y la sensibilidad

Hans Asperger describe a los niños autistas como aquellos que tienen habilidades inusuales de introspección, observación y autocrítica, mientras que otros niños tienen muy poca conciencia de sí mismos. Muchas de sus reacciones están intelectualizadas y no son naturales, a diferencia de las de otros niños. Por lo tanto, todas las adaptaciones sociales para ellos se basan en la intelectualidad. ¿Pero es extraño o patológico no entender reglas implícitas y a veces absurdas? Hans Asperger también describe a las personas autistas como altamente conscientes de los procesos en sus cuerpos, poseyendo una fuerte interocepción. Esta mayor conciencia biológica también podría considerarse un estado predeterminado de conciencia (Brown, 1975) en el autismo. Estos niveles elevados de conciencia, que también están relacionados con sus sensibilidades sensoriales y emocionales únicas, llevan a dificultades para interactuar en grupos, pero les permiten identificar a otros niños diferentes y ser sensibles a sus diferencias, facilitando la socialización. Hans Asperger también explica que esta sensibilidad elevada en las personas autistas a veces puede manifestarse en fuertes predisposiciones artísticas o incluso hipersensibilidades (aumento de las sensaciones en uno o más sentidos). Ahora se sabe que esta sensibilidad puede llevar a un mayor riesgo de experimentar estrés postraumático (Haruvi-Lamdan et al., 2020) o dificultades en la regulación emocional (Cai et al., 2018). Toda esta información nos lleva a cuestionar si la hiperconciencia (o la atención plena) es uno de los estados predeterminados de conciencia en el autismo. Es por eso que puede ser peligroso proponer la meditación a las personas autistas, ya que generalmente son más conscientes y, por lo tanto, más ansiosas y angustiadas que otras personas. La meditación puede reforzar este estado de ansiedad.

<u>Referencias</u>

Brown, B. B. (1975). Biological awareness as a state of consciousness. Journal of Altered States of Consciousness, 2(1), 1–14.

Cai, R. Y., Richdale, A. L., Uljarević, M., Dissanayake, C., & Samson, A. C. (2018). Emotion regulation in autism spectrum disorder: Where we are and where we need to go. Autism research : official journal of the International Society for Autism Research, 11(7), 962–978. <u>https://doi.org/10.1002/aur.1968</u>

Haruvi-Lamdan, N., Horesh, D., Zohar, S., Kraus, M., & Golan, O. (2020). Autism Spectrum Disorder and Post-Traumatic Stress Disorder: An unexplored co-occurrence of conditions. Autism : the international journal of research and practice, 24(4), 884–898. <u>https://doi.org/10.1177/1362361320912143</u>

9/ La cuestión de los conflictos, expectativas, justicia, equidad, humor y teoría de la mente

Hans Asperger describe las dificultades que enfrentan los padres con sus hijos y los educadores con sus estudiantes. Los padres tienen expectativas normales, lo que significa que quieren que sus hijos se adapten al mundo (y a los hábitos socioculturales), sin importar cuán absurdos o corruptos puedan ser, en lugar de intentar adaptarse a su cognición particular. Estas expectativas inevitablemente llevan a conflictos. El problema no es que las personas autistas sean incapaces de adaptarse a la sociedad, sino que tendrían mucha más facilidad en una sociedad organizada por ellos mismos, donde la comunidad se aborda desde una perspectiva diferente: una comunidad más justa donde cada persona hace lo que tiene que hacer sin adornos o perder tiempo en pausas para tomar café y socialización fútil. Hans Asperger describe a niños egocéntricos y desobedientes que, en realidad, solo quieren ser comprendidos, escuchados, respetados y tratados como iguales, independientemente de su edad, género o posición social. Tratan todo y a todos de la misma manera y son justos. Tratan a los seres humanos en base a su naturaleza humana y no en base a ilusiones sociales como los títulos. ¿Es esto fundamentalmente problemático? Aquí es donde podemos considerar el tema de la teoría de la mente para las personas que interactúan y trabajan en el tema del autismo, pero que no pueden comprender realmente lo que implica. Damian Milton (2012) habla del problema de la doble empatía, la dificultad de las personas autistas para comprender a las personas neurotípicas y la dificultad de las personas neurotípicas para comprender a las personas autistas. Por lo tanto, Hans Asperger describe repetidamente cómo las personas autistas supuestamente carecen de sentido del humor, proporcionando ejemplos de burlas, acoso escolar y hostigamiento en los que los niños autistas no se ríen de lo que experimentan, solo reforzando el comportamiento malicioso de algunos niños. Sin embargo, ahora sabemos que estas suposiciones han demostrado ser falsas (Lyons & Fitzgerald, 2004; Nagase, 2019;

Van Bourgondien & Mesibov, 1987; Wu et al., 2014). Lo mismo ocurre con diferentes formas de juego, empatía, teoría de la mente, comunicación (Crompton, 2019; Crompton et al., 2020) y socialización.

Referencias

Crompton, C. J., Fletcher-Watson, S. (2019, May 2). Efficiency and interaction during information transfer between autistic and neurotypical people [Poster presentation]. International Society for Autism Research Annual Conference, Montreal, Ontario, Canada.

Crompton, C. J., Ropar, D., Evans-Williams, C. V., Flynn, E. G., & Fletcher-Watson, S. (2020). Autistic peer-to-peer information transfer is highly effective. Autism, 24(7), 1704–1712. https://doi.org/10.1177/1362361320919286

Lyons, V., & Fitzgerald, M. (2004). Humor in autism and Asperger syndrome. Journal of autism and developmental disorders, 34(5), 521–531. https://doi.org/10.1007/s10803-004-2547-8

Milton, D. (2012) On the ontological status of autism: the 'double empathy problem', Disability & Society, 27:6, 883-887. http://doi.org/10.1080/09687599.2012.710008

Nagase, K. (2019). Relationship Between Autism Spectrum Disorder Characteristics and Humor Appreciation in Typically Developing Individuals. Psychological Reports, 122(6), 2282–2297.

https://doi.org/10.1177/0033294118804999

Van Bourgondien, M. E., & Mesibov, G. B. (1987). Humor in high-functioning autistic adults. Journal of autism and developmental disorders, 17(3), 417–424. https://doi.org/10.1007/BF01487070

Wu, C., Tseng, L., An, C., Chen, H., Chan, Y., Shih, C., Zhuo, S. (2014). Do individuals with autism lack a sense of humor? A study of humor comprehension, appreciation, and styles among high school students with autism. Research in Autism Spectrum Disorders, 8, 1386–1393. http://doi.org/10.1016/j.rasd.2014.07.006

Conclusiones

¿Es realmente sorprendente concluir que las observaciones realizadas por Hans Asperger hace varias décadas siguen siendo precisas y relevantes hoy en día? También es importante tener en cuenta que él tenía un campo de observación "privilegiado", ya que pudo interactuar con casi 200 niños. Una persona perspicaz siempre puede reconocer todos estos rasgos y comportamientos, siempre que esté en el entorno adecuado donde estos niños estén presentes (como escuelas alternativas, espacios donde los padres, al darse cuenta de que tienen un hijo diferente, deciden no someterlos a las presiones de las escuelas convencionales, o en el marco de la educación en el hogar, por ejemplo). Sus características, peculiaridades, comportamientos y formas de pensar pueden sorprender, desafiar y plantear preguntas, pero el aspecto más importante sigue siendo el respeto y la disposición para comprender, con el objetivo de fomentar una mejor convivencia. Pero ¿puede una sola observación ser suficiente para sacar conclusiones? Estos niños tienen una relación completamente diferente con el mundo, con prioridades diferentes que son difíciles de comprender para la persona promedio. Incluso se podría argumentar que el autismo debería considerarse en última instancia como una neurobiología particular caracterizada por procesos cognitivos específicos, percepciones y sensaciones únicas, y una conciencia distinta. Sin embargo, ¿cómo permitimos la patologización de todas estas diferencias, que en última instancia cuestionan las normas socioculturales artificiales (y nos llevan a reflexionar sobre cómo algunos humanos tratan la diferencia)? ¿Se trata, de hecho, de una falta de adaptación al entorno o de una capacidad para adaptarse a todo, y por lo tanto no integrarse completamente en nada, a pesar de los aspectos a veces absurdos y malévolos de los entornos y contextos, como lo explicó Hans Asperger? Se podría explicar fácilmente que las personas con autismo simplemente no están en su entorno natural, lo que nos lleva a percibirlos como si tuvieran un problema (similar a cómo describiríamos a los animales en un zoológico o circo). Y es precisamente en estos entornos inadecuados donde surgen las dificultades y limitaciones. Parece haber una falta de consideración (no derivada de la malevolencia inherente, sino de un problema de comprensión de las personas con autismo y de conceptualizar el autismo) dentro de los marcos educativos y desde una perspectiva social más amplia. También es importante tener en cuenta que no todos los casos de Hans Asperger están descritos en este texto, pero su análisis se basa en una gran cantidad de datos, y eligió describir un espectro a través de varios niños con habilidades diversas y altamente variables (que van desde la dislexia hasta la hiperlexia, por ejemplo). Las posibilidades que surgen de este trabajo podrían haber sido y aún pueden ser numerosas, pero los enfoques de atención y curación en las últimas décadas plantean profundas preguntas debido a la diversidad muy limitada de enfoques pedagógicos que no buscan la conformidad a cualquier costo (como la educación sin escuela y basada en la naturaleza, o lo que implementamos en el Instituto Pinsons). Estos enfoques podrían proponerse para evitar depender únicamente de la inclusión total, que probablemente nunca funcionará sin cambiar fundamentalmente el sistema educativo (tomando como inspiración, al menos en la primera infancia, lo que se hace en Reggio Emilia en Italia, Dinamarca o Suecia), donde está claro que los niños que son diferentes (en sentido amplio) nunca realizarán plenamente su potencial.

<u>Para seguir explorando:</u>

Baron-Cohen, S. (2020). The Pattern Seekers: How Autism Drives Human Invention. Basic Books.

Bohler, S. (2020). Le bug humain. Pocket.

Charneau, A., & Rebecchi K. (2020). Reggio Emilia - Une pédagogie innovante de la petite enfance. Kindle Direct Publishing.

Deneault, A. (2015). La médiocratie. Lux.

Niccol, A. (Réalisateur). (1997). Bienvenue à Gattaca. [Film].

Rebecchi, K. (Pendiente de publicación). Aprender a leer y escribir sin escuela. Kindle Direct Publishing.

Rebecchi, K. (Pendiente de publicación). ¿Quiénes son realmente anormales? Entre diversidad genética, variabilidad neurológica y darwinismo social. Kindle Direct Publishing.

Roth, V. (2011). Divergent. Nathan.

Spikins, P., Wright, B. (2017). The Prehistory of Autism. Rounded Globe.